旧京人物
影像馆

爱新觉罗家族旧影

金梅 李琮 编著

北京日报出版社

图书在版编目（CIP）数据

爱新觉罗家族旧影 / 金梅，李琮编著． — 北京：日报出版社，2018.1
（旧京人物影像馆）
ISBN 978-7-5477-2801-7

Ⅰ. ①爱… Ⅱ. ①金… ②李… Ⅲ. ①爱新觉罗·溥仪（1906–1967）–家族–史料–摄影集 Ⅳ. ① K827=7

中国版本图书馆 CIP 数据核字（2017）第 204845 号

爱新觉罗家族旧影

出版发行： 北京日报出版社
地　　址： 北京市东城区东单三条 8-16 号 东方广场东配楼四层
邮　　编： 100005
电　　话： 发行部：（010）65255876
　　　　　总编室：（010）65252135
印　　刷： 北京宝昌彩色印刷有限公司
经　　销： 各地新华书店
版　　次： 2018 年 1 月第 1 版
　　　　　2018 年 1 月第 1 次印刷
开　　本： 787 毫米 ×1092 毫米 1/16
印　　张： 20.5
字　　数： 430 千字
定　　价： 68.00 元

前 言

爱新觉罗家族，大清王朝的主人，中国历史上最后一门皇族，由于其浓郁的传奇色彩而一直受到人们的关注和热议。

与汉族历史上许多古老的家族相比，爱新觉罗家族无疑是较为年轻的。当初在白山黑水间崛起时，这个家族的男丁不过几十人。而从努尔哈赤这一代开始，爱新觉罗家族才迅速成为满洲第一家族，到清军入关、定鼎中原后进而成为清朝第一家族。由于此后两百多年相对稳定的环境，爱新觉罗家族逐渐繁衍成了一个庞大的群体。据统计，在皇太极时期，整个爱新觉罗皇族成员不到 100 人，到顺治时期为 419 人，康熙时期约 490 人，雍正时期已超过 1000 人，嘉庆时期已近 4700 人。据 1936 年修订的《爱新觉罗宗谱》显示，仅努尔哈赤嫡系后裔男性就有 34000 多人，而整个宗室的后裔则有 46000 多人，再加上觉罗系的后裔 34000 多人，合计有 80000 余人，整个家族计有后裔近 140000 人。尽管缺乏精确的统计，但如今属于爱新觉罗家族的后裔应在 400000 人左右。

在中国历代封建王朝中，清朝无疑是现代人最感兴趣的朝代。而作为这个王朝的主人，爱新觉罗家族在三百年间演绎的一幕幕传奇，更是成为历史学家乃至小说家、戏剧家关注的焦点。从努尔哈赤起兵到满洲铁骑入关进而平定天下，从顺治到宣统，从康乾盛世到辛亥革命，这个由少数民族建立的王朝经历了太多太多的繁华与磨难，而其主人同样也经历了太多太多的辛酸与荣辱。

“朱雀桥边野草花，乌衣巷口夕阳斜。旧时王谢堂前燕，飞入寻常百姓家。”千百年来，世人总喜欢用唐代大诗人刘禹锡这首著名的《乌衣巷》来形容历代帝王家族的兴衰成败。这简短的四句话，极富深意地道出了一代又一代天潢贵胄的最终归宿。毋庸置疑，对于爱新觉罗家族

目　录

*书中从努尔哈赤始各代，努尔哈赤同辈的人物姓名标题前用★标识，子辈的用◆标识，辈的用●标识，重孙辈（不论世代）以○标识。

第一章

铁血时代

自努尔哈赤一代始，通过对邻近部落的一系列征服战争，爱新觉罗的先祖们统一了满洲。同时，家族内部的纷争、杀戮也不断上演。正是在这铁与血的洗礼中，爱新觉罗家族迅速成为中国历史的主角。

从始祖猛哥帖木儿到努尔哈赤崛起，在这两百多年间，爱新觉罗家族的先祖们经历了几度沉浮和一系列磨难，这个原本只是满洲众部落中普通一支的家族逐渐壮大起来。特别是从努尔哈赤这一代开始，他带领族人展开了对邻近部落的一系列征服战争，逐渐统一了整个满洲，进而走上同明王朝对抗的道路。而在爱新觉罗家族早期的奋斗史上，由于各种矛盾的存在，导致家族内部的纷争也不断上演，有时甚至爆发为较为惨烈的杀戮。特别是努尔哈赤与皇太极时代，无论是兄弟之间、父子之间、叔侄之间，都曾上演过血腥的争斗。也正是在这种铁与血的洗礼中，爱新觉罗家族不断整合力量，从而迅速成为中国历史的主角。

仙女的后裔

爱新觉罗姓氏源流

众所周知，爱新觉罗家族属于满族，即所谓满洲人，是大清王朝的建立者和统治者。而关于这个家族的来源，后世流传着这样一个神话故事：上古时期，从天上降临三位仙女姐妹，老大名叫恩古伦，老二名叫正古伦，老三名叫佛库伦。有一天，三姐妹相约来到长白山东北布库里山下的布尔瑚里池沐浴，忽然有一只神鹊衔着一颗红果吐落在佛库伦的衣服上。沐浴完毕后，好奇的佛库伦吞下了红果，却不料竟顿时有了身孕。无奈之下，她只好独自留在人间，直到生下一个男孩。佛库伦为这男孩起名“布库里雍顺”，并以“爱新觉罗”为氏。布库里雍顺长大后，佛库伦决定返回天庭，临行前她交代儿子说：“天生汝，实令汝为夷国主。可往彼处，将所生缘由一一详说。”说完便母子分别。告别母亲后，布库里雍顺用柳枝编成筏子，顺松花江而下，一直漂流到鳌莫惠平原的鄂多哩城。当时，该城内三个部族的酋长正为争夺城主而终日械斗。布库里雍顺漂流到这里时，恰好被城内百姓发现，闻听消息后，感到非常奇异的三位酋长立刻停止争斗，共同率众来江边观看。只见布库里雍顺从容言道：“我乃天女佛库伦所生，姓爱新觉罗，名布库里雍顺。天降我，定汝等之乱。”于是三部族便隆重迎接布库里雍顺进城，并拥戴其为城主，建国号“满洲”。从此之后，布库里雍顺便被视为爱新觉罗家族的始祖。

据考证，关于爱新觉罗始祖的神话传说虽然后来被明文记载到官方史书中，但实际上是后人经过移植、加工的结果。当然，受这类神话的影响，满族人形成了禁忌伤害鸦鹊的习俗。不仅不准伤害乌鸦和喜鹊，不允许吃它们的肉，还要想方设法去讨好它们。

而据可靠的文献记载，满族的祖先最早可追溯到几千年前就世代居住在长白山一带的肃慎

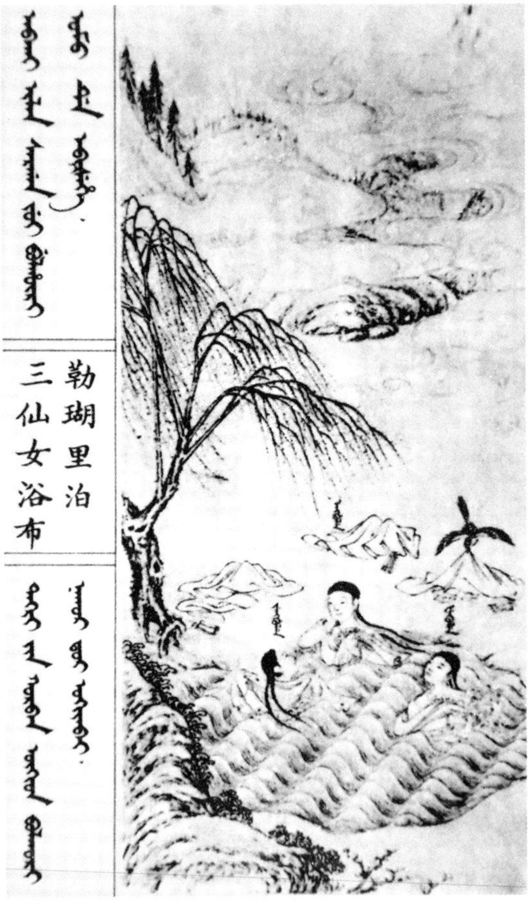

《清实录·满洲实录》中关于三仙女沐浴的插图。依照史书记载，正是这三仙女中的佛库伦诞下了爱新觉罗氏的祖先布库里雍顺。

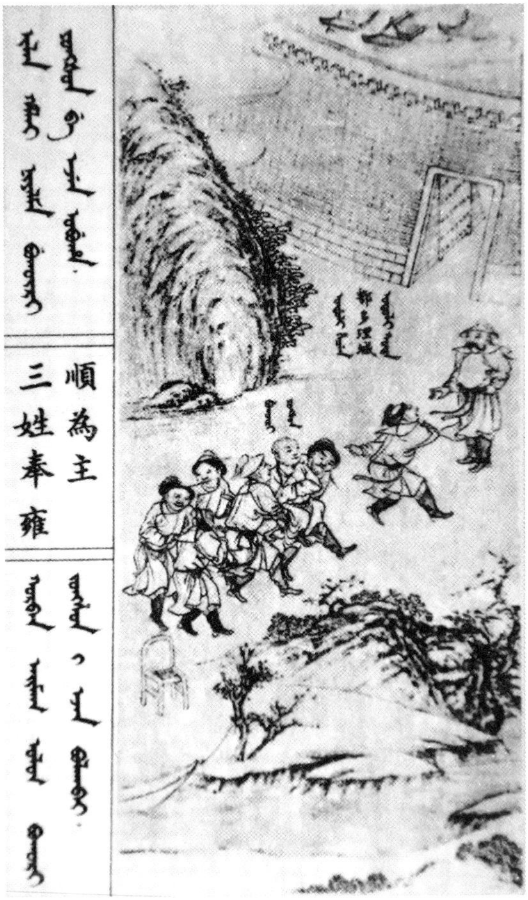

《清实录·满洲实录》中关于布库里雍顺被三部族奉为城主的插图。

人，从汉唐直至明代，他们先后经历了挹娄、勿吉、靺鞨、女真等族名的演变。

到明代时，女真人分化为大大小小许多个部落。明王朝为了管理辽东地区，将女真人划为建州女真、海西女真和野人女真三大集团，其中的建州女真便是后来满洲人的源头。到明朝末年，在努尔哈赤的领导下，建州女真异军突起，通过一系列征服战争，迅速统一了女真各部，建立了“后金”政权。与此同时，努尔哈赤将自己所属宗族的姓氏统一改称为“爱新觉罗氏”，从此爱新觉罗家族便一跃成为满洲第一家族。

关于“爱新觉罗”，通常的解释是：“爱新”乃满语“金”的意思，“觉罗”乃姓氏，即以努尔哈赤祖先最初居住的地方“觉罗”（今黑龙江省依兰一带）作为姓氏。实际上，“爱新觉罗”这个姓氏是根据远祖部族支系远近划分的，意思即为爱新部族远支。因为觉罗一词在女真语里是“远方”的意思，后来就演变成远支的意思。清朝立国后，统治者又将爱新觉罗氏分为宗室和觉罗，以示血缘远近的区别。

先祖业绩

猛哥帖木儿

抛开长白山仙女的传说不提，爱新觉罗家族有史可考的始祖当为猛哥帖木儿，又译“孟特穆”，是努尔哈赤的六世祖。

猛哥帖木儿（1370—1433）出生于女真斡朵里部（今黑龙江省依兰县马大村）首领之家，斡朵里部属于建州女真三部之一，其父挥厚曾担任元朝政府的官职。明朝初年，建州女真三部从今黑龙江依兰县沿松花江和牡丹江迁居到图们江流域，开始同明王朝建立联系。与此同时，猛哥帖木儿还接受朝鲜授予的“上万户”。1405 年，明朝任命猛哥帖木儿为建州左卫指挥使，并赐姓童。猛哥帖木儿长期效忠明王朝，曾多次入关朝贡。1433 年，在协助明军平定叛乱时，猛哥帖木儿及其长子均不幸战死。由于猛哥帖木儿的光辉业绩，清朝后来尊其为“肇祖原皇帝”。

猛哥帖木儿战死后，其部族也随之溃散，仅剩下很少的人马。无奈之下，作为其继承人的次子充善只好率余部迁往辽东，最后在浑河上游的苏子河一带落脚。充善继承了父亲的英武睿智，因此深受部民拥戴。1442 年，明朝政府从建州左卫析置右卫，令充善管理建州左卫，凡察管理建州右卫，与建州卫合称“建州三卫”。此后八十多年间，建州女真进入了一个相对和平稳定的发展时期。

充善有三子：长子妥罗、次子妥义谟、三子锡宝齐篇古，努尔哈赤正是锡宝齐篇古支的后裔。锡宝齐篇古的具体事迹不详，其独子名叫福满（约 1506—1566），即努尔哈赤的曾祖父。

福满出生时，其父锡宝齐篇古曾担任建州指挥佥事，家庭环境非常优越，接受了较为良好的教育，加上见多识广，因此逐步成长为本部族中出类拔萃的人物。父亲锡宝齐篇古去世后，

图为反映爱新觉罗家族起源神话的画作，后来被挂在紫禁城坤宁宫中。

肇祖原皇帝猛哥帖木儿画像

福满得以承袭建州指挥佥事一职，后来又接掌了伯父一系空缺出来的建州左卫都督一职，世称都督福满。福满有六子：德世库、刘阐、索长阿、觉昌安、包朗阿、宝实。继承祖业后，福满便率领六子迁居赫图阿拉的觉罗地方，他们环卫而居，彼此相距近者五里，远者不过二十里，又称宁古塔六贝勒。这一时期，建州女真部族逐渐开始农业生产，人口大大增加，社会经济取得了较大发展，从而为其后代建立政权奠定了基础。福满死后安葬在赫图阿拉老城，该地后被清朝尊为兴京。1598 年努尔哈赤修建祖陵时，将福满尸骨迁入兴京陵。1636 年皇太极称帝时追尊其为庆王。1647 年，顺治皇帝尊福满为兴祖直皇帝，与肇祖原皇帝、景祖翼皇帝、显祖宣皇帝合葬于兴京，后尊为“永陵”。

觉昌安

觉昌安（？—1583），福满四子，明朝史书中译为“叫场”，万历初年被任命为建州左卫督指挥。在兄弟六人中，觉昌安堪称出类拔萃的人才。他足智多谋，勇于任事。当时，爱新觉罗家族势力还很单薄，为了求得发展，他说服哥哥索长阿与哈达部酋长王台联姻，进而打败了仇敌栋鄂部。在担任建州左卫督指挥后，觉昌安率部积极发展农耕经济，同明朝开展贸易，壮大了本部的势力。为了家族的生存与发展，他采取各种灵活手段，周旋于明朝政府和女真诸部之间。可惜在 1583 年调停明朝与阿台章京之间的战事时与其子塔克世一同被误杀。清朝建立后被追尊为昌王，1648 年追尊为景祖翼皇帝。

觉昌安有五子：

长子，礼敦，追封郡王，有一子。

次子，额尔衮，追封郡王，无嗣。

三子，界堪，追封郡王，无嗣。

四子，塔克世，即努尔哈赤之父。

五子，塔察篇古，追封贝勒，有二子。

塔克世

塔克世（1543—1583），觉昌安四子，努尔哈赤之父，明朝史书中又译为“塔失”“他矢”。1583 年同其父觉昌安一同被明军误杀，1648 年被追尊为显祖宣皇帝。

从肇祖猛哥帖木儿开始，爱新觉罗家族历经充善、锡宝齐篇古、福满、觉昌安、塔克世等前后六世的变迁与发展，活动区域从松花江畔斡朵里辗转南迁至辽东的赫图阿拉一带，社会经济得到迅速发展，并逐渐从女真诸部落中脱颖而出，为后代的奋斗奠定了基础。

爱新觉罗家族早期传承脉络

布库里雍顺（清皇室始祖）

↓ 数世之后，至猛哥帖木儿与其弟范察

猛哥帖木儿（孟特穆，六世远祖，追封为“肇祖原皇帝”）

↓

充善（董山，追封为五世祖）　褚宴

↓

妥罗　妥义谟　锡宝齐篇古（追封为四世祖）

↓

福满，追封为“兴祖直皇帝”

↓

德世库　刘阐　索长阿　觉昌安（追封为“景祖翼皇帝”）　包朗阿　宝实

↓

礼敦　额尔衮　界堪　塔克世（追封为“显祖宣皇帝”）　塔察篇古

↓

努尔哈赤（清太祖）　舒尔哈齐　雅尔哈齐　巴雅喇　穆尔哈齐

清永陵，位于今辽宁省抚顺市新宾满族自治县永陵镇西北启运山脚下，是爱新觉罗家族的祖陵，始建于1598年。陵内葬有努尔哈赤的六世祖猛哥帖木儿、曾祖福满、祖父觉昌安、父亲塔克世及伯父礼敦、叔父塔察篇古以及他们的福晋。

清朝的“宗室”与“觉罗”

与汉族的家族制度类似，爱新觉罗家族在数百年的发展演变中，也逐渐衍生出直系与旁系之分。1635 年，后金可汗皇太极正式下令，根据血缘关系的远近区分爱新觉罗家族内直系与旁支的世系关系，规定塔克世的子孙，也就是努尔哈赤及其兄弟们的后裔称为宗室，系黄带子。终清一朝，宗室包括塔克世系、努尔哈赤系、皇太极系、顺治系、康熙系、雍正系、乾隆系、嘉庆系、道光系、咸丰系、同治系、光绪系、宣统系；兴祖福满和景祖觉昌安的后世子孙以及塔克世兄弟的后裔称为觉罗，系红带子，包括福满系、觉昌安系。宗室又依据与皇帝血缘关系的远近，分为近支与远支。近支是指皇帝的直系本支，还有当朝皇帝兄弟之子女；别的各支则为远支。

值得注意的是，由于爱新觉罗家族内历史上曾发生多次权力斗争，因此也有不少宗室因罪被革退降束红带子；觉罗也有因罪革退降束紫带子。例如据《玉牒》统计，仅在宗室各支系中就先后有十八个支系被降束红带子：

显祖塔克世三子舒尔哈齐长子阿尔通阿长子舒尔赫一支

显祖塔克世三子舒尔哈齐次子阿敏之孙塞克图次子拉哈礼一支

显祖塔克世三子舒尔哈齐次子阿敏次子爱度一支

显祖塔克世三子舒尔哈齐六子济尔哈朗之孙杨桑长子务能义一支

显祖塔克世三子舒尔哈齐九子瑙岱一支

显祖塔克世五子巴雅喇四子巩阿岱一支

显祖塔克世五子巴雅喇五子锡翰一支

显祖塔克世五子巴雅喇八子德玛护一支

太祖努尔哈赤长子褚英曾孙苏努一支

太祖努尔哈赤次子代善九世孙兴瑞之子全亮一支

太祖努尔哈赤次子代善次子硕托一支

太祖努尔哈赤次子代善三子萨哈廉长子阿达礼一支

太祖努尔哈赤五子莽古尔泰一支

太祖努尔哈赤六子塔拜之孙额尔济图一支

太祖努尔哈赤七子阿巴泰四子岳乐十九子务尔占一支

太祖努尔哈赤十子德格类一支

太祖努尔哈赤十六子费扬果一支

太宗皇太极长子豪格五子猛我三子延信一支

西方铜版画《大清帝国的王爷们》。早期西方铜版画对中国的描绘，掺杂许多幻想和夸张，本图中大清王爷的出行场面，规模就过于宏大，人员也过于密集。按清代规制，亲王出行有前引十人、后从六人，并有立瓜、卧瓜、骨朵、吾仗、伞扇等仪仗。

在觉罗各支系中，因罪被降束紫带子的，最少有两支：

兴祖福满长子德世库三子尼扬古子瓦哈长子阿三一支

兴祖福满次子刘阐子陆虎臣曾孙塔思护之曾孙长安保十二子丰盛额一支

觉罗共有两派七大支，又称“觉罗七家”。第一派为兴祖脉下觉罗，是太祖努尔哈赤的伯祖父和叔祖父的支系，共五支：“大祖”德世库支、“二祖”刘阐支、“三祖”索长阿支、“五祖”包朗阿支、“六祖”宝实支。第二派为景祖脉下觉罗，是太祖努尔哈赤的伯父和叔父的支系，共两支，即景祖长子礼敦支和景祖第五子塔察篇古支。

与宗室比起来，觉罗即便能获得爵位，其爵位的品级往往也很低，而且由于历史的缘故，觉罗很大一部分居住在东北关外，汉姓多为“肇”。在经济待遇方面，虽然同属爱新觉罗皇族，但觉罗几乎只有宗室的一半。

据统计，整个爱新觉罗家族在数百年的历史中，真正得到封爵的其实只占很少的一部分。4位被追封为皇帝的先祖后裔中，有亲王1人、郡王2人、贝勒1人、一等男7人、二等男4人、三等男6人、一等子5人、二等子3人，合计29人。努尔哈赤及兄弟的后裔中受封爵的也不过1978人：亲王140人、郡王94人、贝勒63人、贝子53人、镇国公88人、辅国公209人、镇国将军148人、辅国将军249人、奉国将军261人、奉恩将军673人。

爱新觉罗家族的姓名

早期，爱新觉罗家族并没有汉族那样的传统，在成员命名时有辈分的排序。由于整体文化程度较为落后，因此早期他们的名字基本还沿袭部落时期的一些习惯。直到康熙帝这一代，受汉文化的影响，他在给自己的皇子们起名时均以“胤”字作为辈分。到雍正称帝后，本着避皇帝讳的原则，他的兄弟们的名字便一律改为“允”字开头。只有怡亲王允祥病逝后，雍正特地恢复其名字里的“胤”字，这也是清朝唯一的例外。雍正给自己的皇子们起名时，一律用的是“弘”字开头。而乾隆在位时期，则用自己所作的一句诗“永绵亦载奉慈娱”中的前四个字“永绵亦（奕）载”作为近支宗室的字辈，这便是之后的嘉庆、道光、咸丰、同治四代皇族名字的由来。道光帝时期，又钦定“溥毓恒启”四字作为“载”字辈以下四代皇族的字辈。1857年，咸丰帝又续拟了“焘闿增祺”四字，作为“启”字辈以下四代皇族的字辈。从努尔哈赤算起，到祺字辈为第十八代。1937年，时为伪“满洲国”皇帝的溥仪又增定“敬志开端，锡英源盛，正兆懋祥”十二字，作为“祺”字辈以下的爱新觉罗家族近支的字辈。而实际上，那些逐渐分化的远支宗室，则往往自行拟定字辈。如豫亲王多尔衮一系的保泰支系，“载”字辈就改用“常”字，而“溥毓恒启”字辈则分别用“松柏清国”四字。

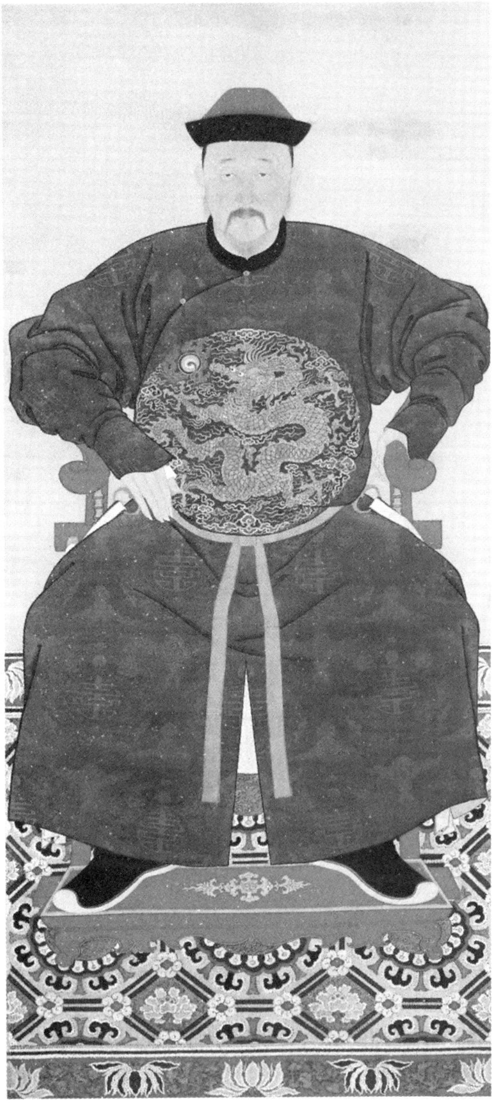

爱新觉罗家族亲王的朝服一般都是龙袍，而贝勒是蟒袍。按《大清会典》，五爪为龙，四爪为蟒。亲王补服图案：身前身后五爪正龙各一团，两肩五爪行龙各一团。郡王补服图案：身前身后两肩五爪行龙各一团。贝勒补服图案：身前身后四爪正蟒各一团。贝子补服图案：身前身后四爪行蟒各一团。镇国公、辅国公补服图案：身前身后四爪正蟒各一方。公爵、侯爵、伯爵补服图案：身前身后绣九蟒。

左图为康熙十三子怡亲王胤祥，身着五爪正龙补服。右图为康熙之九子贝子胤禟，身着四爪行蟒补服。图中胤禟腰系黄带子。

努尔哈赤的奋斗

努尔哈赤

虽然猛哥帖木儿、福满、觉昌安、塔克世等爱新觉罗家族的先祖们前赴后继，代代传承，为本家族乃至整个建州女真部族的兴盛与崛起做出了不懈努力，但严格说来，清太祖努尔哈赤才是满洲历史上划时代的人物。正是在他的时代，爱新觉罗家族在众多部族中脱颖而出，一跃成为女真诸部中最显赫的家族。而作为一个新政权和新王朝的奠基人，努齐尔哈赤传奇的一生也成为爱新觉罗家族史上最值得大书特书的篇章。

◆ 生平事迹

努尔哈赤（1559—1626），觉昌安之孙，塔克世之长子，出生于赫图阿拉城（今辽宁省抚顺市新宾满族自治县永陵镇老城村）。努尔哈赤出生时，正值明朝政权逐渐走向衰落，辽东地区也经常陷入部族纷争。虽说祖父觉昌安和父亲塔克世当时的身份为明朝政府任命的建州左卫指挥使，但努尔哈赤却没有因此过上优裕的生活。在他十岁那年，生母喜塔喇氏就不幸因病去世。由于继母的虐待，从少年时期开始，努尔哈赤就被迫外出谋生。他曾以采人参为生，常到抚顺关马市进行贸易活动。十九岁时，继母又挑唆塔克世仅分给努尔哈赤少量的财产，令其成家立业。就这样，努尔哈赤被迫离开家门，娶佟佳氏哈哈纳扎青为妻，走上了自立之路。

当时，明王朝为了控制辽东地区，长期对当地各部族实行分裂政策，不断挑起他们之间的矛盾。1574 年，努尔哈赤的外祖父、建州右卫指挥使王杲因反抗朝廷被辽东总兵李成梁诛杀，其子阿台章京逃脱至古勒寨。1583 年，李成梁攻打古勒寨，勒令交出阿台章京。危急时刻，努尔哈赤的祖父觉昌安、父亲塔克世冒险进城去劝降，充当调停人，希望李成梁刀下留人，以免殃及无辜。却不料同属建州女真的苏克素浒河部图伦城城主尼堪外兰鼓动李成梁攻破古勒寨，之后大肆屠城，可怜觉昌安、塔克世父子也未能幸免。祖父及父亲横遭杀害的消息令努尔哈赤痛不欲生。当他向明朝官方质问父祖遇难的原因时，后者只是轻描淡写地解释为“误杀”。因为自知理亏，明朝政府除归还努尔哈赤父祖的尸体和所留下的十三副铠甲外，作为补偿，又赐给其三十道敕书和三十匹马，并令其接任建州左卫都督一职。

由于暂时还无法与明朝大军公开为敌，努尔哈赤便誓言杀死尼堪外兰为父祖报仇雪恨。同年 5 月，他召集族人祭奠父祖后，便凭借着那十三副铠甲正式起兵，开始了传奇般的戎马生涯。这一年，努尔哈赤二十五岁。

正式起兵后，努尔哈赤不费吹灰之力就攻占了图伦城，如愿杀死了尼堪外兰。之后，他便

左上图为努尔哈赤朝服像。该像被悬于奉先殿、太庙、寿皇殿等各处与皇家祭祖有关之场所。

右上图为另一个版本的清太祖努尔哈赤朝服像，藏于沈阳故宫博物院。这张像与普遍所见的清朝帝王像风格不同，应为清入关前画师所绘，其风格较平实，画面比例、结构还未形成规范。左侧两张像应当为入关之后补绘，其画面比例、结构已形成规范，并与后世之清帝画像成为完整体系。

左下图为努尔哈赤朝服像细部

开始了统一建州女真各部的行动，先后征服了建州女真其他势力、海西女真诸部和部分野人女真部族。1616 年，努尔哈赤在赫图阿拉称汗，建立后金。不久，他又将目光转向关内。

1618 年（明万历四十六年）4 月 13 日，努尔哈赤在盛京“告天”誓师，宣布“七大恨”，正式起兵反明。次年 3 月，明王朝召集十四万军队讨伐努尔哈赤，结果在萨尔浒之战遭遇惨败。努尔哈赤趁机占领开原和铁岭，使明朝在辽东地区失去重要屏蔽。1621 年，努尔哈赤迁都辽阳，兴建东京城，四年后再次迁都沈阳。1626 年 1 月，在宁远之战中，努尔哈赤的军队被明朝守将袁崇焕击败，被迫退兵。仅仅过了半年，这位叱咤风云三十多年的征服者就病死于叆鸡堡（今沈阳市于洪区翟家乡大挨金堡村），终年六十八岁，死后葬于沈阳福陵。由于努尔哈赤是后金政权的创建者、清王朝的主要奠基人，所以其子皇太极在称帝后便追尊其为太祖武皇帝，后在顺治帝去世后改谥为太祖高皇帝，谥号为“承天广运圣德神功肇纪立极仁孝睿武端毅钦安弘文定业高皇帝”。

毫无疑问，努尔哈赤不仅是爱新觉罗家族崛起的头号功臣，更是满洲政权的主要奠基者。在位期间，他不但在战场上获得了空前成功，统一了女真各部，而且创立了八旗制度，创制了满洲文字，在民族政策方面也有独到之处。

1601 年，为了有效管理部属，努尔哈赤开始创立八旗制度。以三百人为一牛录，设置一牛录额真（后称佐领）管理，并以黄、白、红、蓝四色为四旗。1615 年又在原有四旗基础上增加镶黄、镶白、镶红、镶蓝四旗合为八旗。正是凭借这支能征善战的八旗兵，努尔哈赤创造了一系列以弱胜强、以少克众的著名战例。另外，由于八旗制度还兼有行政、生产、司法、宗族等职能，因而能将来自不同地区、凝聚力涣散的女真部族整合成组织纪律性很强的整体。为了解决当时女真人书面交流只能使用蒙古文或汉文所带来的诸多不便，努尔哈赤还令手下大臣、学者根据蒙古字母创制文字来拼读女真语，也就是后来的满文。总之，努尔哈赤三十多年的努力，为后金政权进一步走向中原奠定了坚实的基础。

◆ 后世评价

《清史稿》：“太祖天锡智勇，神武绝伦。蒙难艰贞，明夷用晦。迨归附日众，阻贰潜消。自摧九部之师，境宇日拓。用兵三十余年，建国践祚。萨尔浒一役，翦商业定。迁都沈阳，规模远矣。比于岐、丰，无多让焉。”

蔡东藩（民国著名小说作家、《清史通俗演义》作者）：“智深勇沈，信不愧为开国主，然皆由激厉而成。古所谓生于忧患、死于安乐者，于此可见矣。”

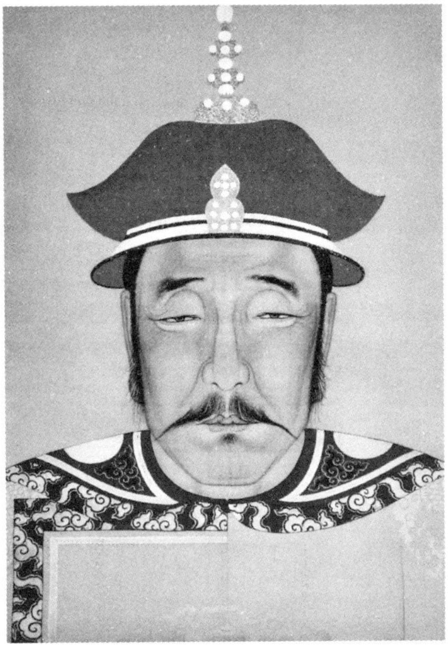

努尔哈赤画像细部

福陵，位于沈阳东郊，也称东陵，占地面积近 19.5 万平方米。其形制为外城内郭，自南向北依次由前院、方城和宝城组成。清太祖努尔哈赤及其皇后孝慈高皇后叶赫那拉氏、大妃乌拉那拉氏均葬于此。福陵与埋葬清太宗皇太极的昭陵、埋葬清朝四位祖先的永陵并称为“盛京三陵”。

努尔哈赤的族人及兄弟

当努尔哈赤为了统一部族而奋斗时，他很快就发现，除了要应对各路敌人之外，他还要经常面临爱新觉罗家族内部的强大阻力。由于对努尔哈赤的奋斗目标不理解，害怕触动自己利益的许多族人甚至三番五次企图置其于死地。正是在此背景下，爱新觉罗家族早期就上演了一次次内部纷争。

早在努尔哈赤因父祖之死而展开复仇，决意要杀掉仇人尼堪外兰时，他的族人就因担心得罪明朝而大多不予支持，跟随他的只有几个弟弟和亲妹夫噶哈善哈思虎，以及与其结盟的诺米纳、常书、扬书等人。1583 年，当努尔哈赤追讨尼堪外兰时，他的四族叔龙敦（索长阿四子）竟暗中挑唆诺米纳给尼堪外兰报信，导致行动扑空。1584 年，由于担心努尔哈赤的起兵会招惹明朝，进而对整个爱新觉罗宗族不利，努尔哈赤的大祖德世库、二祖刘阐、三祖索长阿、六祖宝实的子孙聚集在一起，密谋杀掉努尔哈赤。不久，宝实之子康嘉、绰奇塔、觉善等共同谋划，以族人兆佳城城主李岱为首，联合哈达部劫掠努尔哈赤属下的瑚齐寨，最终被努尔哈赤用计谋击败。然而他的族人并未善罢甘休，龙敦竟然又唆使努尔哈赤继母之弟萨木占将噶哈善哈思虎杀死，令努尔哈赤痛不欲生。之后，努尔哈赤为噶哈善哈思虎报仇，亲自出兵杀死萨木占。而对于族人的多次谋害，由于起初自身实力有限，努尔哈赤为避免树敌过多，往往以其他借口将来暗杀的刺客放走。1585 年 4 月，努尔哈赤征讨哲陈部时，面对敌人的优势兵力，五祖包朗阿之孙札亲和桑古里却企图临阵逃脱，幸亏努尔哈赤的亲弟弟穆尔哈齐等人奋勇出战才得以获胜。从某种程度上讲，在努尔哈赤起兵初期，他所面临的最大威胁并非明朝政府，而是本家族的众多叔伯兄弟们。随着军事上的成功和实力的壮大，努尔哈赤终于平息了叔伯兄弟们的反对，他的事业也由此进入了迅猛发展的新阶段。然而不久努尔哈赤又发现，即便是自己的亲兄弟也会走到他的对立面。

努尔哈赤是家中长子，其下有四个弟弟：

二弟，穆尔哈齐，异母弟，追封多罗诚毅勇壮贝勒。

三弟，舒尔哈齐，同母弟，追封和硕庄亲王。

四弟，雅尔哈齐，同母弟，追封多罗通达郡王。

五弟，巴雅喇，异母弟，追封多罗笃义刚果贝勒。

另有一同母妹妹，赠和硕公主，初嫁嘉木瑚城城主噶哈善哈思虎，后夫亡再嫁苏克苏浒河部沾河寨寨主郭络罗氏常书，生三子。天命八年（1623 年）卒于沈阳，雍正五年（1727 年）补封为和硕公主。

一些文献记载表明，作为长子，努尔哈赤对于弟弟妹妹们还是有很深的情义的。例如当他的妹妹去世时，尽管兄妹间有些嫌隙，但他仍悲痛万分，不仅下令用两名女子为其殉葬，还不顾手下劝阻亲自去送殡。遗憾的是，在众兄弟一起打天下的过程中，最终还是不可避免地产生了矛盾，进而引发一系列家族悲剧。

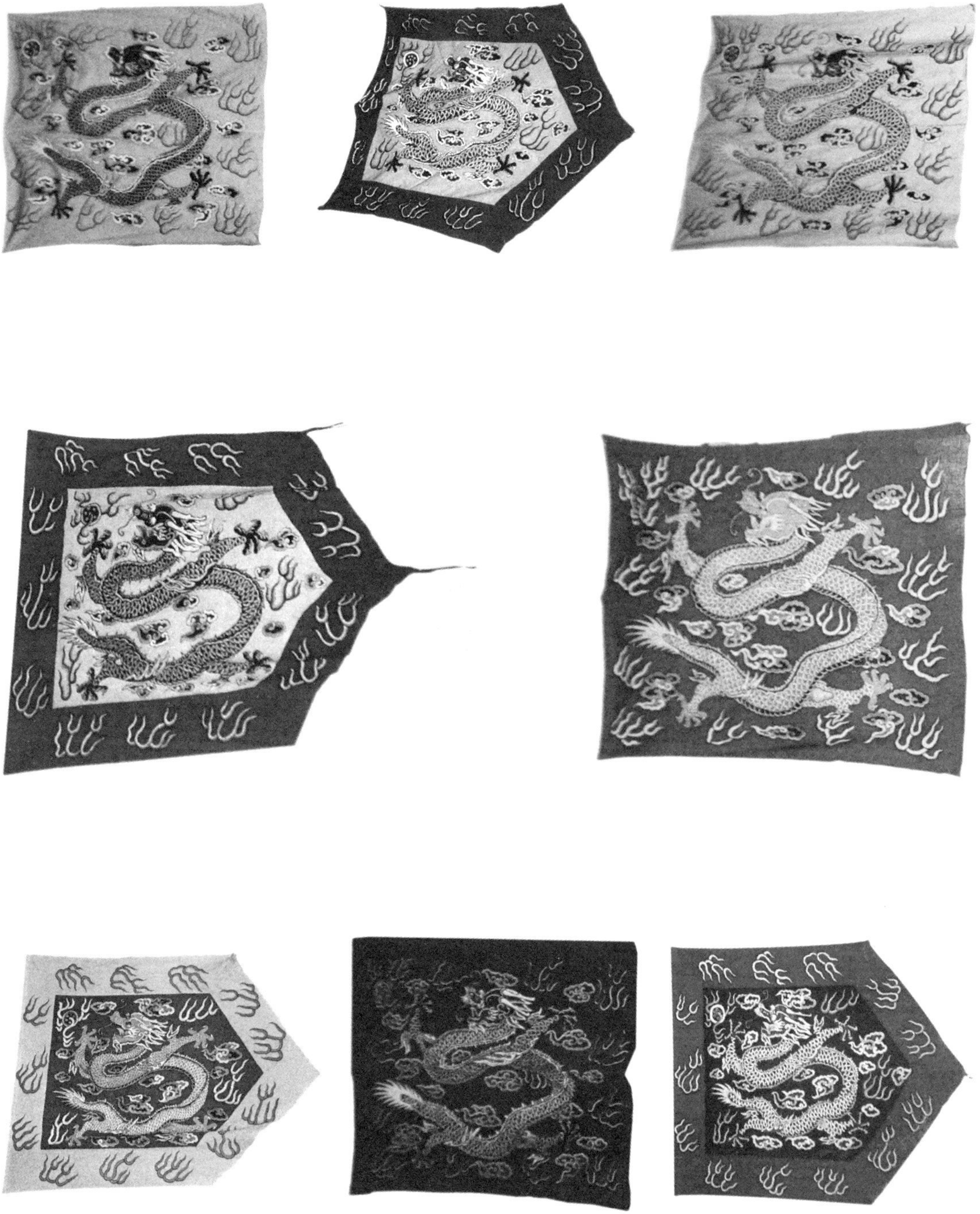

满洲八旗旗帜，八旗制度为努尔哈赤所创，该制度对清王朝后来统一全国产生了巨大影响。

★ 穆尔哈齐

生平事迹

穆尔哈齐（1561—1620），塔克世二子，努尔哈赤异母弟。穆尔哈齐仅比努尔哈赤小两岁，生性勇猛，骁勇善战，很早就坚定不移地跟随兄长四处征战，堪称努尔哈赤创业时的左膀右臂，为爱新觉罗家族的崛起立下了汗马功劳。1583 年 4 月加，穆尔哈齐跟随努尔哈赤征伐哲陈部，由于洪水的阻拦，他们最终仅率领八十人出战。交战初期，面对对方八百多人的优势兵力，努尔哈赤的一些部属陷入慌乱，尤其是包朗阿的孙子札亲、桑古里二人，竟吓得解下铠甲准备逃跑，导致军心大乱。尽管努尔哈赤大声斥责二人，但士兵们仍不敢迎敌。危急关头，穆尔哈齐与其兄率另两人对敌方发动突袭，四人竟杀敌二十余人。借此良机，努尔哈赤的部队一鼓作气，扭转了战局。就这样，努尔哈赤兄弟以四人击退了八百余名敌人的进攻，堪称奇迹，而穆尔哈齐自然功不可没。为了帮助兄长清除家族内的敌对势力，穆尔哈齐又说服努尔哈赤攻占了六祖宝实子孙所占据的章甲城，使得三祖索长阿的子孙再也不敢轻举妄动。

在随后努尔哈赤发起的历次战役中，穆尔哈齐都身先士卒，奋不顾身地在前面冲锋陷阵，也多次身受重伤，为爱新觉罗家族势力的壮大做出了巨大贡献，其忠诚、刚毅和勇猛也深受兄长厚爱。为表彰他的功绩，努尔哈赤特地赐其“青巴图鲁”称号（汉译为诚毅勇士）。晚年，由于身体多次受创，穆尔哈齐无法再追随兄长出征。1620 年，这位一生都对努尔哈赤忠心耿耿的开国元勋在赫图阿拉城病逝。穆尔哈齐病逝后，悲痛万分的努尔哈赤亲自临祭，将其厚葬。顺治五年六月，穆尔哈齐被追封为多罗贝勒，谥曰“勇壮”。

支系后裔

穆尔哈齐有子十一人，其中第一子萨哈廉、第三子硕弼基、第六子噶巴喇、第八子唐喀、第十一子欢齐费扬古，这五人无嗣无爵。有封爵者、有嗣者六人：

次子达尔察，奉恩辅国刚毅公。

四子务达海，奉恩固山襄敏贝子。

五子汉岱，奉恩镇国公。

七子塔海，奉恩辅国公。

九子祜世塔，奉恩辅国公。

十子喇世塔，奉恩辅国公。

在穆尔哈齐支系后裔中，较有代表性的人物为耆英、宝熙、熙洽等。

穆尔哈齐后人——耆英朝服画像

○ 耆英

耆英（1790—1858），字介春，爱新觉罗氏，穆尔哈齐六世孙，祖父炳文，父亲林禄康。满洲正蓝旗人，清朝宗室，历任理藩院侍郎、内务府大臣、步军统领和户部尚书等职。1842 年，由于清军在鸦片战争中节节失利，道光皇帝将时任盛京将军的耆英派往南方，令其以钦差大臣的身份主持江南防务。在领教了英人的船坚炮利之后，耆英向道光奏称“夷情可畏”“战无长策，唯有羁縻”，主张朝廷与英人议和。

最终，无奈的朝廷授权他偕同广州将军伊里布、两江总督牛鉴等人接受侵略者的全部条件。8 月 29 日，在南京下关江面的英舰“皋华丽”号上，耆英签订了近代中国历史上第一个不平等条约《南京条约》。战争结束后，耆英以钦差大臣身份任两广总督，兼办有关通商事宜。其在任期间，又先后与英国签订作为《南京条约》补充条款的《中英五口通商章程》和《虎门条约》，与美国签订《望厦条约》。

1844 年 10 月 24 日，在法国军舰“阿基米德”号上，耆英与拉萼尼分别代表中法两国签订了著名的《黄埔条约》。就是在这场谈判中，耆英有生以来第一次见到了照相机，并留下了中国摄影史上现存最早的单人照片。

有关资料显示，耆英的这张照片是由时任法国海关总检查长的于勒·埃及尔拍摄的。当时，埃及尔作为和中国进行贸易谈判的代表，于 1844 年 10 月抵达澳门，然后又换乘“阿基米德”号到广州黄埔港。在中国期间，他参加了中法贸易协定的签字仪式，并用 1839 年刚刚诞生的达盖尔银版摄影法拍摄了两国代表拉萼尼和耆英。要知道，甚至在进入 20 世纪之后，由于怀疑会被摄去魂魄，很多中国人对照相还充满恐惧。而作为最早接触照相机的朝廷大员，耆英能够神情自然地接受这新奇的洋玩意儿，其思想之开放可见一斑。从现存的影像看，其人脸形瘦长、吊眼弯眉、额头闪亮，留着山羊胡子。如今，耆英的这张黑白正身人头像原件依然收藏在法国巴黎摄影博物馆里。不久后，照片这种新奇的洋玩意儿又被耆英运用到他的制夷“智术”中。据他本人向皇帝报告，在他同法国拉萼尼谈判期间，曾将自己的“小照”赠给英、法、美、葡等国使臣。

1842 年至 1848 年，耆英几乎参与了鸦片战争后奠定中西方关系的全部条约谈判。1848 年初，耆英自请觐见道光皇帝，随即被留京供职。为表彰其多年办理夷务的劳苦功高，道光对他格外宠信，先是赐双眼花翎，命他管理礼部、兵部，兼都统，甚至慷慨地允许他在紫禁城乘坐肩舆，不久又擢升他为文渊阁大学士。然而好景不长，正当耆英登上个人政治生涯的顶峰时，道光皇帝却于 1850 年去世。在新旧权力的交替中，耆英很快成了牺牲品。同年 10 月，刚继位的咸丰皇帝就下旨处分耆英，历数其“畏葸无能”“抑民以奉夷，罔顾国家”“丧尽天良”“贻害国家”等罪状，将其从正一品降为五品顶戴，以六部员外郎候补。

1858 年，英法联军攻陷大沽炮台，朝野为之震惊。危难之时，咸丰皇帝令耆英以侍郎衔

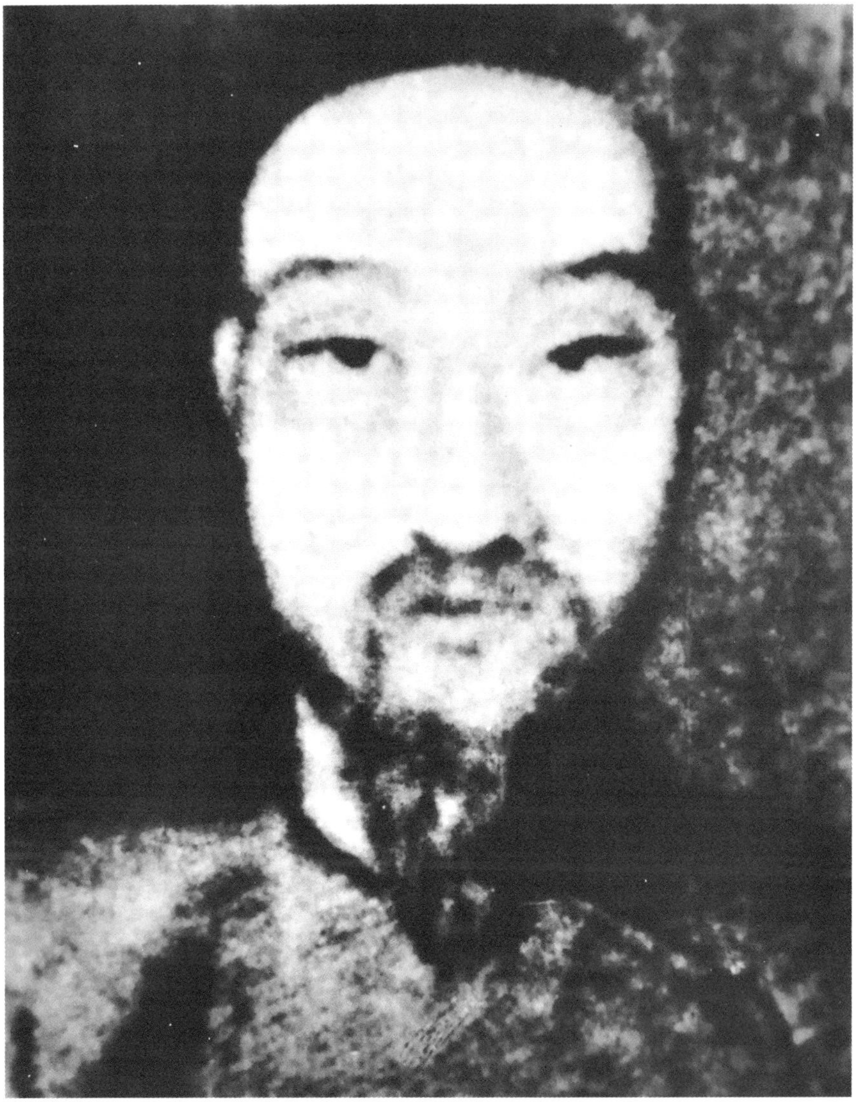

耆英照片，1844 年。这张照片据说是中国现存最早的肖像照。根据于勒 · 埃及尔日记记述，当时让耆英和秘书看了照片后，他们非常惊异，以为是赠送品，便收下了。耆英拱手作礼：“多谢，多谢！”当时“银版摄影法”制作的照片成本昂贵，于勒 · 埃及尔本不想送给他们，但已经无法收回。作为回报，耆英的秘书当场取出笔墨，按照中国习惯，在一把扇子上题写了几个字，送给于勒 · 埃及尔。

随大学士桂良和吏部尚书华沙纳同赴天津，结果遭到英国代表威妥玛等人的奚落，不得不狼狈逃离天津。1858 年 5 月 18 日，一道上谕从紫禁城发出。在上谕中，皇帝以愤怒而又无奈的口吻勒令犯有“欺罔”之罪的耆英即行前往宗人府“空房”自尽。

耆英有两子：庆锡、庆贤。

○ 宝熙

宝熙（1871—1942），穆尔哈齐十世孙，字瑞臣，号沉盦。光绪十八年进士，历任编修、侍读、国子监祭酒、内阁学士兼礼部侍郎、修订法律大臣、总理禁烟事务大臣等职。入民国后，任总统府顾问。1924 年“北京政变”后，溥仪被迫搬出皇宫，宝熙曾作为清室代表参加“办理清室善后委员会”，后还曾任伪满州国内务处长等职。宝熙诗文、书法皆佳，也是金石书画的收藏家和鉴赏家。

★ 舒尔哈齐

生平事迹

穆尔哈齐作为努尔哈赤的异母弟，始终对兄长忠心耿耿，其结局也算圆满。相比之下，作为努尔哈赤同胞兄弟的舒尔哈齐，虽然对爱新觉罗家族的贡献更大，最终却与亲兄长之间演绎了一幕悲剧。

舒尔哈齐（1564—1611），塔克世第三子，努尔哈赤同母弟。比努尔哈赤小五岁的舒尔哈齐与兄长从小就相依为命。幼年时，由于生母早逝，继母刻薄寡恩，他们兄弟二人不得不从小就外出谋生，在共患难中结下了深厚的情谊。父祖被杀后，舒尔哈齐第一时间跟随兄长起兵复仇。在以后几十年的征战中，英勇善战的舒尔哈齐与兄长一起通力合作，同时也壮大了自己的势力，逐渐成为建州女真部族第二号人物，努尔哈赤特地赐其“达尔汉巴图鲁”的称号。1587 年努尔哈赤称汗时，舒尔哈齐被封为贝勒，地位仅次于兄长。然而随着各自实力的不断壮大，兄弟之间的战斗情谊逐渐消失了，往日的和谐不复存在，代之而起的是越来越多的裂痕和矛盾。或许是居功自傲的缘故，或许是权力欲的驱使，舒尔哈齐渐渐不满足于自己的地位，意图和兄长分享权力，继而对努尔哈赤的领导权威构成了巨大挑战。

巧合的是，当时明朝政府为了削弱建州女真的势力，也开始在各方之间采取分化政策，而舒尔哈齐便成为其拉拢利用的对象。1595 年 8 月，舒尔哈齐首次带领建州女真使团前往北京进贡，由此他开始对自己屈居在兄长之下而感到不满。两年后，当舒尔哈齐第二次进京朝贡时，别有用心的明朝政府予以隆重的接待，赏赐丰厚礼物，并授予其与努尔哈赤同样的官职。结果，舒尔哈齐一方面越来越倾向于臣服明朝，同时又越来越不甘于自己的地位，试图与努尔哈赤平分秋色。舒尔哈齐的所作所为，显然已对努尔哈赤在建州女真的统治地位构成了威胁，兄弟二

穆尔哈齐后人——宝熙朝服像，为了不使爱新觉罗家族世系失考、支派无稽，他特地在北京、沈阳组织编写爱新觉罗家谱。

人的关系开始紧张起来，经常在高级会议上公开激烈争吵。

1607 年 3 月，努尔哈赤派兵与乌拉部作战时，舒尔哈齐因与该部有姻亲关系，便带领自己的属下消极退避。事后，愤怒的努尔哈赤一度要处死舒尔哈齐的亲信常书和纳齐布等人，舒尔哈齐以死相威胁才保住了部下，但努尔哈赤却借此机会剥夺了他的兵权。由于被排挤出最高军事领导层，舒尔哈齐顿时失去了挑战兄长的资本，他在女真部的地位也骤然下降。于是，不甘心失败的他便密谋与长子阿尔通阿、三子扎萨克图自立门户。他们带着少数部属离开努尔哈赤的大本营，准备在靠近明朝的地方建立基地。为了避免女真部的分裂，在劝说无效的情况下，努尔哈赤于 1609 年 3 月诛杀了舒尔哈齐的两个儿子阿尔通阿和扎萨克图，后又准备将其次子阿敏也处死。由于皇太极等人的极力求情，阿敏逃脱一死，仅被没收了一半家产。眼看自身实力根本无法与兄长抗衡，舒尔哈齐无奈之下又回到努尔哈赤帐下，结果却被囚禁在一间暗室之中，外面仅留两个孔穴给他送食物。1611 年 9 月 25 日，舒尔哈齐在囚禁中死去，时年四十八岁。民间传说他是被努尔哈赤下令秘密杀害的，至于真相究竟如何已很难考证。

作为努尔哈赤的同胞兄弟以及清王朝开国创业的奠基人之一，舒尔哈齐竟落得如此下场，的确是爱新觉罗家族史上的一场悲剧。直到 1653 年，顺治皇帝才追封其为和硕庄亲王。或许唯一令他欣慰的是，尽管好几个儿子都受牵连被处死，但也有个别受到努尔哈赤特殊关照者，从而为这一支系带来家族荣耀。

支系后裔

舒尔哈齐有子九人：

长子，阿尔通阿，1609 年被努尔哈赤所杀。

次子，阿敏，封贝勒，1629 年被皇太极幽禁，1640 年病死。

三子，扎萨克图，封辅国公，1609 年被努尔哈赤所杀。

四子，图伦，追封恪僖贝勒。

五子，寨桑武，追封和惠贝勒。

六子，济尔哈朗，封郑亲王，为清初八大铁帽子王之一。

七子，诺穆岱，十三岁卒。

八子，费扬武（1605—1643），追封和硕简亲王。

九子，瑙岱，因获罪黜去宗室为庶人，其子孙后获赐红带子。

除了前面提到的被努尔哈赤所杀的阿尔通阿和扎萨克图外，舒尔哈齐诸子中，最著名的是次子阿敏和六子济尔哈朗。

◆ 阿敏

阿敏（1586—1640），在父亲兄长遭到努尔哈赤的清算后，侥幸逃脱惩罚。或许是心怀愧疚之意，努尔哈赤又将阿敏收养在自己身边，将其当作亲信培养。在跟随伯父征战的过程中，阿敏也算战功赫赫，因此被任命为镶蓝旗旗主，1616 年被封为和硕贝勒参与国政，与代善、莽古尔泰、皇太极并称四大贝勒，俗称二贝勒，地位仅次于努尔哈赤的第二子大贝勒代善。不过，随着努尔哈赤去世之后，内心深处原本就怀有怨气的阿敏开始挑战皇太极的权威，表现得越来越桀骜不驯。有一次，他居然对皇太极说：“我与众贝勒共议你为汗，你即位后，让我出居外藩就行了。”甚至在众贝勒中扬言：“我怕谁？他能把我怎么样？”

1627 年，阿敏奉命率师征朝鲜，迫使朝鲜国王求和。而在双方议和后，他却迟迟不退兵，反而流露出准备屯兵朝鲜都城的意图。当遭到包括自己亲弟弟济尔哈朗等人的反对后，阿敏恼羞成怒，下令纵兵掳掠三日返回。由于他生性鲁莽，又不断流露出篡夺汗位的野心，皇太极决心寻找机会对其下手。1629 年 10 月，皇太极亲统大军征讨明朝。次年 3 月，阿敏率军前往永平时遭到明兵反击，损失惨重，惊慌失措的他竟弃城而逃。事后，皇太极宣布阿敏犯有十六条罪状，将其囚禁起来，十年后死于狱中，其命运同父亲简直如出一辙。

◆ 济尔哈朗

在爱新觉罗家族历史上，济尔哈朗的身世恐怕是最为另类的。他的父亲与三位哥哥都死于努尔哈赤家族之手，但自己却始终屹立不倒，并且享尽荣华富贵。由于他多年以来始终坚定地站在伯父努尔哈赤家族一边，因此幸运地成为清初八大铁帽子王之一。

济尔哈朗（1599—1655），舒尔哈齐六子。尽管自己的父亲与三位兄长都为努尔哈赤家所害，但济尔哈朗本人却似乎没有受到任何影响。从十二岁那年被努尔哈赤收养起，他就完全融入到另一个家庭中。或许对他而言，努尔哈赤虽然是杀父仇人，但也是亲伯父和养父。由于自小就生活在努尔哈赤身边，因此他与努尔哈赤的儿子们关系很好，尤其是与皇太极的关系更是非同一般。据记载，当二哥阿敏获罪后，济尔哈朗率领诸弟和子侄辈一同发誓：“我父、兄行为有罪，自遭报应。如果我们认为有罪的父、兄做得对而产生异心，一定不得好死！”为了表彰其忠心，皇太极下令将阿敏名下的镶蓝旗以及家产和人口转归济尔哈朗所有，使他成为满洲地位最高的八大和硕贝勒之一。1636 年，皇太极改国号“大金”为“大清”，济尔哈朗晋封和硕郑亲王。而在此后的政治生涯中，济尔哈朗可算得上是一帆风顺。他经历太祖、太宗、世祖三朝，五十七岁时寿终正寝，还成为清朝历史上唯一一位受“叔王”封号的人。

1643 年 8 月，皇太极猝死。在竞争激烈的皇位继承问题上，济尔哈朗原本支持肃亲王豪格与多尔衮竞争，可惜豪格性格软弱而功亏一篑。无奈之下，济尔哈朗提出了一项折中方案，让六岁的皇子福临继承大统，自己和多尔衮共同辅政。

在任摄政王期间，行事低调的济尔哈朗在很多情形下不得不对多尔衮迁就忍让。尽管他最初被封为信义辅政叔王，但后来被多铎代替，甚至爵位都一度被降为郡王。多尔衮死后，济尔哈朗的人生再度迎来转机。1653 年，福临恢复了济尔哈朗父亲舒尔哈齐的名誉，追封为和硕庄亲王。1655 年 5 月，在听到济尔哈朗病危的消息后，福临亲往府中探视。济尔哈朗病逝后，葬于北京西直门外白石桥。福临对济尔哈朗的死悲痛不已，特诏令休朝七天，这在大清朝历史上绝无仅有；另赠祭葬银万两，置守陵园十户，并立碑纪功。

支系后裔

济尔哈朗死后，其子承袭爵位，不过郑亲王封号被改成了简亲王。直到 1778 年，乾隆皇帝追念济尔哈朗的功勋，命将“简亲王”封号恢复为“郑亲王”，世袭罔替。

郑亲王世系	郑献亲王	济尔哈朗	1636—1655
	简纯亲王	济度	1657—1660
	简惠亲王	德塞	1661—1670
	已革简亲王	喇布	1670—1681
	简修亲王	雅布	1683—1701
	已革简亲王	雅尔江阿	1703—1726
	已革简亲王	神保住	1726—1748
	简仪亲王	德沛	1748—1752
	简勤亲王	奇通阿	1752—1763
	简恪亲王	丰讷亨	1763—1775
	郑恭亲王	积哈纳	1776—1794
	郑慎亲王	乌尔恭阿	1794—1846
	已革郑亲王	端华	1846—1861
	已革郑亲王	承志	1864—1871
	郑顺亲王	庆至	1871—1878
	郑恪亲王	凯泰	1878—1900
	郑亲王	昭煦	1902 年袭爵，1950 年去世

或许是打老根儿起就埋下了不和谐种子的缘故，在努尔哈赤和舒尔哈齐这两大爱新觉罗家族支系间，后来终于再度上演了血雨腥风的一幕，这便是咸丰皇帝死后发生的“辛酉政变”。

在新一波的宫廷权力争斗中，舒尔哈齐的后裔——端华与肃顺，虽然一度权势显赫，但最终的命运却像老祖宗一样悲惨！

○ 端华和肃顺

端华（1807—1861），济尔哈朗的七世孙，号端友，其父为第六代郑亲王乌尔恭阿。1826年被封为三等辅国将军，1846年袭郑亲王爵，不久诏授总理行营事务大臣及御前大臣。早在道光年间，端华就很受器重，咸丰皇帝继位后继续受到重用，曾任满洲都统等职。1861年咸丰临终前，端华与怡亲王载垣等人一道被任命为顾命八大臣，权势显赫。而实际上，端华此人才智平庸，他之所以能在仕途上一路顺风，很大程度上是与其异母弟肃顺有密切关系。

肃顺（1816—1861），字雨亭，家中排行老六。虽然同样是郑亲王乌尔恭阿的亲生儿子，但肃顺在家族中的地位却无法与端华相比，理由很简单——端华是乌尔恭阿侧福晋的儿子，而肃顺只是庶福晋所生。由于出身低微，他只能算是个闲散宗室，后在侍卫处任职，考封三等辅国将军。也正是由于这一原因，肃顺从小就格外努力，对满文和汉族文化都有一定造诣，在宗室成员中算是为数不多的人才，很快得到了咸丰皇帝的青睐，历任户部尚书、协办大学士等要职。

皇帝的器重，加上自家兄长端华以及怡亲王载垣的极力推崇，使得肃顺成为当时朝中权势显赫的大臣。又由于他善于建立自己的关系网，因此一度形成了所谓的“肃党”。虽然兄长端华位居肃顺之上，但才智平庸，遇事常由其弟做主。

可惜的是，也许是在满族贵族中显得太另类了，肃顺在多年的官场生涯中也树立了太多太多的敌人。与以往许多满族权臣不同的是，他对汉人格外器重，颇具改革精神。针对当时的官场腐败，他亲自查处了好几起大案要案，惩治了一大批官员，从而直接招致了既得利益集团中许多人的忌恨。

1860年英法联军进攻北京时，肃顺与载垣、端华等一道护送咸丰帝至热河。1861年7月，咸丰帝临终前遗命立六岁的载淳为皇太子，任命载垣、端华、肃顺等八大臣为“赞襄政务大臣”，在载淳未成年前共同辅政；同时授予皇后钮祜禄氏“御赏”章，皇太子载淳“同道堂”章，作为符信。同时规定，经顾命八大臣草拟的谕旨，必须加盖两印章后，方为有效。咸丰天真地以为，这样一来朝中政局就万无一失了，却不料反而加速了皇室内部的争斗。因为道理很简单，当时掌控朝政的肃顺、载垣、端华等人都出自远支亲王，而咸丰的亲弟兄奕䜣、奕譞等人实际上被排斥在核心圈子之外。结果没多久，奕䜣、奕譞这些道光皇帝的直系后代便与正寻找机会掌权的慈禧太后联合起来。最终，两大集团之间展开了一场血雨腥风的殊死较量。

阴历八月初，慈禧、奕䜣以及奕譞等人经过一番密谋，精心策划好了夺权计划。九月二十三日，咸丰帝的梓宫由热河启运回京，由肃顺亲自护送。慈禧则抱着幼帝载淳同端华、载垣等一起，由小道先行，在京迎候梓宫。九月二十九日，皇太后与小皇帝返抵北京，随即便展开了行动。已经控制了北京城的奕䜣在宫廷当场逮捕了端华、载垣，而奕譞则同时在护灵途中逮捕了肃顺。十月初三，两宫太后召集群臣讨论，最终决定判令怡亲王载垣、郑亲王端华于宗人府自尽，肃顺斩立决，其他顾命大臣或革职，或发遣。作为附带惩罚，郑亲王府家产被查抄，府园被内务府收回。相比之下，没有王爷身份的肃顺就没有这么幸运了，他连落个全尸的资格都没有。随着刽子手一刀砍下，肃顺也成为清朝历史上唯一一位在刑场上被斩首示众的宗室成员。

端华死后，他本来的亲王爵位被降为档次很低的不入八分辅国公。对于这次重大的变故，郑亲王家的后人显然有着刻骨铭心的记忆。当追述这段爱新觉罗家族内部的恩怨时，舒尔哈齐支系的后人是这样理解的："后来肃顺和端华跟他们的矛盾这么厉害。奕䜣，就是鬼子六这帮人应该非常清楚，他肯定知道家族事。他就认为肃顺他们这些人要是成功了，很有可能就……当时已经恢复了舒尔哈齐的称号，追封为庄亲王。他就怕你这支翻过来以后把老仇拿出来，我觉得还应该有这个原因。"（引自龙翔等著《最后的皇族》，北京大学出版社，2011 年版）

○ 寿富（1865—1900），字伯茀，号菊客，郑亲王济尔哈朗之后裔，属溥字辈，清末著名诗坛领袖宝廷之子。自幼博览群书，受业于张佩纶、张之洞等名儒，1898 年考中进士，选翰林院庶吉士。时逢戊戌变法，面对许多旗人的顽固立场，支持维新的寿富愤而作《与八旗君子陈说时局大势启》，并与康有为等在北京发起知耻学会。后任京师大学堂分教习，曾奉派赴日本考察学校章程，归国后受光绪帝召见。戊戌变法运动失败后遭到顽固派的攻击，一度闭门不出。1900 年八国联军攻入北京后，深以宗室身份而逃亡为耻，遂与其弟寿蕃及两位妹妹一同服毒自杀殉国，后获赠光禄寺卿，其事迹载入国史。

★ 雅尔哈齐（1565—1589），塔克世四子，努尔哈赤同母弟。其生平不详，也没有子嗣，死后原葬于新宾永陵，后迁葬辽阳东京陵。1653 年 5 月，顺治帝追封其为多罗郡王，谥号"通达"，1754 年入祀盛京贤王祠。

★ 巴雅喇（1582—1624），塔克世五子，努尔哈赤异母弟。跟随兄长四处征战，战功显赫，努尔哈赤赐号"青巴图鲁"。1624 年卒，1653 年追封为多罗贝勒，谥号"刚果"。

巴雅喇有子拜音图（1600—1646）、巩阿岱（1606—1652）等。顺治年间，拜音图因受多尔衮牵连遭削爵、幽禁、削宗籍等。嘉庆四年（1799 年）复宗籍，赐红带子。巩阿岱也因多尔衮牵连被杀。巩阿岱的后人中，比较著名的是签订《南京条约》的伊里布以及清末的军事专家良弼（事迹见第五章）。

○ 伊里布（1772—1843），字莘农，红带子，巩阿岱后代。进士出身，曾任陕西、山东、云南巡抚，1838 年为云贵总督、协办大学士，为人果敢、务实、练达，以清廉闻名，1839 年 12 月调任两江总督。1840 年 7 月，英军侵占定海，道光帝命伊里布为钦差大臣，前往浙江负责军事。但伊里布慑于英军船坚炮利，态度悲观，1841 年被撤去协办大学士头衔，不久被弹劾其家丁与英军私自来往，被削职入狱。1842 年 3 月复起，协助耆英抵抗英军。军事失败后二人一起同英军展开谈判，最终签署了《南京条约》。之后被任命为广州将军、钦差大臣，负责在广州办理战后事宜，不久即忧悴而死，赠太子太保，谥号"文敏"。

寿富画像。寿富曾在服毒殉国前自题《绝命诗》三首，其一言："衮衮诸王胆气粗，竟将血气丧鸿图。请看家破国亡后，到底书生是丈夫。"充分体现了其"旷达勇决"的一面。

1842年8月29日，中英两国代表于南京下关江面的英舰康华丽号上签订《南京条约》。参加签约的中方代表以钦差大臣耆英、伊里布为首，英方代表则以璞鼎查为首。《南京条约》的签订，标志着中国开始逐步沦为半殖民地半封建社会。

努尔哈赤的儿子们

从1583年努尔哈赤起兵到1626年逝世，爱新觉罗家族内部曾先后爆发过三次大的冲突：一次是努尔哈赤与众叔伯子孙之间，一次是努尔哈赤与胞弟舒尔哈齐支系之间，一次是努尔哈赤与长子褚英之间。在严厉镇压了舒尔哈齐支系的挑战之后，努尔哈赤很快发现就连自己的亲生儿子也不可靠。

据史书记载，努尔哈赤有子十六人：

长子，褚英，封广略贝勒。

次子，代善，封和硕礼烈亲王。

三子，阿拜，追封奉恩镇国勤敏公。

四子，汤古代，镇国克洁将军。

五子，莽古尔泰，因罪夺爵，子孙降为红带子。

六子，塔拜，追封奉恩辅国悫厚公。

七子，阿巴泰，追封和硕饶余敏郡王。

八子，皇太极，清太宗。

九子，巴布泰。

十子，德格类，因罪夺爵，子孙降为红带子。

十一子，巴布海，镇国将军。

十二子，阿济格，罢英亲王。

十三子，赖慕布，追封奉恩辅国介直公。

十四子，多尔衮，和硕睿忠亲王。

十五子，多铎，和硕豫通亲王。

十六子，费扬果，黜宗室。

十六子中，八子皇太极最终继承了努尔哈赤的汗位，而长子褚英此前也曾一度被明确立为继承人。

◆ 褚英

褚英（1580—1615），努尔哈赤嫡长子。作为家中长子，他从小就跟随父亲四处征战，屡建战功，成年后因作战英勇而被赐封号“阿尔哈图土门”（汉译“广略”），经常受命代父执掌国政。在伯父舒尔哈齐死后，褚英已被努尔哈赤明确立为汗位继承人。遗憾的是，他虽然战功显赫，地位优越，但却生性残暴、心胸狭隘，因此招致众兄弟和元老大臣的嫉恨。因为建州女真部落与汉族不同，此前并无立嫡立长的传统。所以在褚英被立为继承人之后，其他兄弟们都很不满。更要命的是，褚英居功自傲，不懂得收敛和笼络人心，无意间又得罪了努尔哈赤极为倚重的五大臣费英东、额亦都、何和里、安费扬古、扈尔汉等人。于是后两股势力联合起来向努尔哈赤告状，使褚英陷入孤立。经过调查，努尔哈赤确实发现了褚英的许多问题，因此开始疏远他，并解除其兵权，将其软禁。然而褚英不但没有改过，反而私下里怨言频出，甚至被告发趁父亲努尔哈赤出征之际焚香诅咒告状的五大臣和兄弟，并扬言等掌权后将处死对手。1615 年 8 月，努尔哈赤下令将圈禁中的褚英处死。褚英死后，虽然辗转被迁葬于清东京陵，但却一直有墓无碑。

在努尔哈赤奋斗的一生中，由于种种特殊的背景和原因，曾先后多次经历爱新觉罗家族内的争斗，甚至与同胞兄弟和亲生儿子都拼得你死我活。从表面上看，这些家族斗争的确充满了残忍和血腥。或许是对这些家族悲剧充满了惭愧，或许是不愿再看到骨肉相残的局面，晚年的努尔哈赤试图重新整合家族成员。1621 年正月，努尔哈赤把家族内的子侄孙辈骨干如代善、阿敏、莽古尔泰、皇太极、德格类、济尔哈朗、阿济格、岳讬等召集到一起，大家共同对天发誓，内称："今祷上下神祇：吾子孙中纵有不善者，天可灭之，勿令刑伤，以开杀戮之端。如有残忍之人，不待天诛，遽兴操戈之念，天地岂不知之？若此者，亦当夺其算。昆弟中若有作乱者，明知之而不加害，俱怀礼义之心，以化导其愚顽。似此者，天地祐之，俾子孙百世延长。所祷者此也。自此之后，伏愿神祇，不咎既往，唯鉴将来。"

褚英有三子：长子杜度，封多罗安平贝勒；次子国欢，早殇；三子尼堪，追封和硕敬谨庄亲王。

◆ 代善

虽然太祖努尔哈赤有十六个儿子，且几乎都在打江山的峥嵘岁月中建立了赫赫功业，然而在此过程中，他们为了争夺汗位常常闹得不可开交，结果都没有落得好下场。除了英年早逝的几位，长子褚英早早就被处死，莽古尔泰、汤古代、德格类、巴布海、费扬果等在皇太极时期遭到打击，多尔衮、阿济格、多铎等及其后代则在顺治亲政后遭遇灭顶之灾。只有老二代善，不但活到六十六岁，是最长寿的一个，而且能历经多次政治风波而保全自己。在他的八个儿子中，三人被封为亲王，二人被封为郡王，一人被封为贝子，一人被封为辅国公。而在皇族内部，礼亲王家又被尊为实际上的掌门人，号称"诸王之首"，其支系也由此成为爱新觉罗家族中最显赫的一支。

生平事迹

代善（1583—1648），努尔哈赤次子，从十八岁起就与胞兄褚英一起跟随父汗四处征战。1616 年被封为大贝勒，位居阿敏、莽古尔泰和皇太极之上。努尔哈赤处死长子褚英后，曾一度宣布代善为嗣子，默认其为汗位的继承人。然而随着声望日高，权势日重，在爱新觉罗家族内部的纷争中，代善也一度沦为牺牲品。1620 年，先是有人揭发代善与父汗努尔哈赤的

《清实录·满洲实录》中关于大贝勒代善骁勇善战的插图

代善画像

大福晋富察氏关系暧昧，接着又因为兴建贝勒府第时过分计较而招致父汗的不满，最后更因为虐待前妻所生之子硕讬而遭到贬斥。努尔哈赤最终宣布废除代善嗣子之位，并将他的部属收回。吸取教训的代善从此变得低调，将全部心思都投入到建国立业中。加上他性情宽厚，遇事不露锋芒，能忍能退，因此在随后数十年的权力斗争中屡屡化险为夷。在 1636 年皇太极称帝时，代善被封为“和硕礼亲王”，并加授“皇兄”称号。

努尔哈赤死后，本来在众人眼中，有希望继位的只有大贝勒代善和四贝勒皇太极，但低调的代善不仅没有为自己争位，反而主动推举皇太极继承汗位。1643 年皇太极突然病逝后，当王公贵族们为争夺皇位而剑拔弩张之际，代善始终持中立态度，没有明显地偏袒任何一方。最终两派才达成妥协，一致同意拥立六岁的福临即位。正是由于这种超脱的做派，晚年的代善得到了越来越多的尊崇。他去世后，顺治皇帝特批一万两白银抚恤金，是当时亲王标准的两倍。

支系后裔

礼亲王世系	礼烈亲王	代善	1636—1648
	巽亲王	满达海	1649—1652
	巽亲王	常阿岱	1652—1659
	康良亲王	杰书	1659—1697
	康悼亲王	椿泰	1697—1709
	康修亲王	崇安	1709—1733
	康简亲王	巴尔图	1734—1753
	礼恭亲王	永恩	1753—1805
	已革礼亲王	昭梿	1805—1816
	礼安亲王	麟趾	1817—1821
	礼和亲王	全龄	1821—1850
	礼恪亲王	世铎	1850—1914
	礼敦亲王	诚厚	1914—1917
	礼亲王	诚堃	1917—1929
	礼亲王	濬铭	1929—1951

代善有八子：

长子，岳讬，封多罗克勤郡王，为清初八大铁帽子王之一。

次子，硕讬，已革固山贝子，黜宗室。

三子，萨哈璘，封和硕颖毅亲王。

四子，瓦克达，封多罗谦襄郡王。

五子，巴喇玛。

六子，玛占，奉恩辅国公。

七子，满达海，封和硕巽简亲王。

八子，祜塞，追封和硕惠顺亲王。

代善虽然幸运地躲过了残酷的家族内斗，平安富贵地度过了一生，但到他的子孙们时，仍不断有人卷入皇族权力斗争中。例如他的七子满达海（？—1652），在清朝初年也算是战功显赫，并在父亲去世后继承了礼亲王的爵位（福临亲政后改封为巽亲王），但后来却因为遭到顺治皇帝的猜疑而被降为贝勒。至于次子硕讬和孙子阿达礼则更倒霉。当年在皇太极死后，硕讬和阿达礼四处活动，极力主张改由多尔衮继位，结果招致众怒，代善亲自将他们逮捕审讯。结果硕讬和阿达礼二人以叛逆罪被处死，就连他们的女眷都未能幸免。

除了礼亲王之外，代善家族涌现出另两个铁帽子王，一个是其子岳讬首封的克勤郡王爵，另一个是其孙勒克德浑首封的顺承郡王爵。

● 岳讬

岳讬（1599—1639），代善的长子，第一代克勤郡王。早年即随父征战，广立战功，并一度深受皇太极的器重。在清朝入关初期，他建议皇太极调整政策，善待被征服的汉民，使王朝很

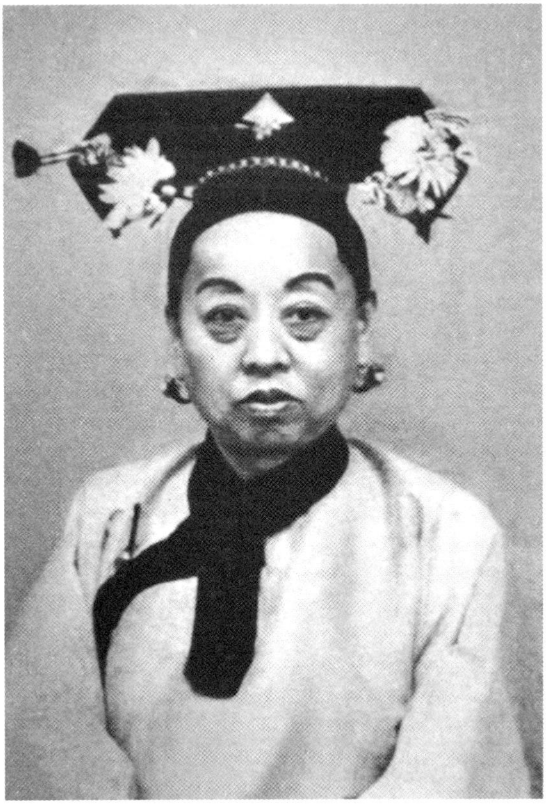

克勤郡王晋祺的福晋

晋祺的格格

快稳定了局面。然而由于性格直率，岳讬也屡屡遭受打击。1636年，他在三十七岁时被皇太极晋封为和硕成亲王，是努尔哈赤的孙子辈中第一个被封为亲王的。但是数月以后，他就因为徇庇“谋逆”的三贝勒莽古尔泰等罪论死，幸亏皇太极念其功高，最终只是将其爵位由亲王降为贝勒，后又因怀有怨气而由贝勒降为贝子，并罚银五千两。尽管如此，岳讬仍忠心耿耿地四处征战，1639年病逝于济南前线。据说当得知岳讬的死讯时，皇太极当场大哭不止，并追封其为克勤郡王。与其他铁帽子王家族相比，岳讬的历代继承人都比较低调，后人中也没有出过什么显赫的角色。

克勤郡王世系	成亲王（克勤郡王）	岳讬	1599—1639
	衍僖介郡王	罗洛浑	1639—1646
	平比郡王	罗科铎	1648—1682
	已革平郡王	讷尔图	1683—1687
	平悼郡王	讷尔福	1687—1701
	衍僖介郡王	罗洛浑	1639—1646
	平比郡王	罗科铎	1648—1682
	已革平郡王	讷尔图	1683—1687
	平悼郡王	讷尔福	1687—1701
	已革平郡王	讷尔苏	1701—1726
	平敏郡王	福彭	1726—1748
	平僖郡王	庆明	1749—1750
	克勤良郡王	庆恒	1750—1779
	克勤庄郡王	雅朗阿	1780—1794
	已革克勤郡王	恒谨	1795—1799
	克勤简郡王	尚格	1799—1833
	克勤恪郡王	承硕	1833—1839
	克勤敏郡王	庆惠	1842—1861
	克勤诚郡王	晋祺	1861—1900
	克勤顺郡王	嵩杰	1900—1910
	克勤郡王	晏森	1896—?

○ 勒克德浑

勒克德浑（1619—1652），代善的孙子，第一代顺承郡王，其父是代善三子萨哈廉（1604—1636）。勒克德浑之所以能封王，很大程度就是因为父亲萨哈廉的功劳。与大多数同辈人不同的是，萨哈廉在清朝初年的皇族中不仅有赫赫战功，而且在治理国家方面显示出了卓越的才能。据史书记载，尽管他没有接受过系统的文化教育，但却通晓满、蒙、汉文字。1628年9月努尔哈赤去世后，萨哈廉极力主张由皇太极继承汗位，并在其后的岁月始终保持着对皇太极的忠诚。可惜的是，萨哈廉还没来得及在政治舞台上尽情施展抱负和才华，却突然在1636年患病。

顺承郡王讷勒赫福晋，叶赫那拉氏，慈禧的侄女。慈禧共有三位侄女，大侄女静芬为隆裕皇后，二侄女静芳为顺承郡王讷勒赫福晋，三侄女静荣为载泽福晋。

本来这年 4 月皇太极已准备封萨哈廉为多罗郡王了，但可惜一个月之后他却不幸病亡，时年仅三十三岁。

萨哈廉死后，皇太极深为悲痛，为他举行了隆重的悼念仪式，先后四次进入灵堂吊唁，为之辍朝三日，还追封其为和硕颖亲王。之后，萨哈廉的长子阿达礼降等承袭郡王爵位。然而在 1643 年，阿达礼因为主张拥立多尔衮为帝而获罪，结果被夺爵处死，开除宗籍，家人也遭到牵连。第二年，多尔衮摄政王的地位稳固后，又宣布对阿达礼的族人予以特赦，并封萨哈廉的次子勒克德浑为贝勒。由于在之后征战江南有功，勒克德浑于 1648 年被晋封为多罗顺承郡王，世袭罔替，是八大铁帽子王中受封最晚的一个。1652 年，已被升为议政王大臣和刑部掌管者的勒克德浑病逝，时年三十四岁。纵观整个大清朝，顺承郡王家族的历史显得格外平淡。

<table>
<tr><td rowspan="16">顺承郡王世系</td><td>顺承恭惠郡王</td><td>勒克德浑</td><td>1648—1652</td></tr>
<tr><td>已革顺承郡王</td><td>勒尔锦</td><td>1652—1680</td></tr>
<tr><td>顺承郡王</td><td>勒尔贝</td><td>1681—1682</td></tr>
<tr><td>顺承郡王</td><td>延奇</td><td>1682—1687</td></tr>
<tr><td>顺承郡王</td><td>充保</td><td>1687—1698</td></tr>
<tr><td>已革顺承郡王</td><td>穆布巴</td><td>1699—1715</td></tr>
<tr><td>顺承忠郡王</td><td>诺罗布</td><td>1715—1717</td></tr>
<tr><td>已革顺承郡王</td><td>锡保</td><td>1717—1733</td></tr>
<tr><td>顺承恪郡王</td><td>熙良</td><td>1733—1744</td></tr>
<tr><td>顺承恭郡王</td><td>泰斐英阿</td><td>1744—1756</td></tr>
<tr><td>顺承慎郡王</td><td>恒昌</td><td>1756—1778</td></tr>
<tr><td>顺承简郡王</td><td>伦柱</td><td>1786—1823</td></tr>
<tr><td>顺承勤郡王</td><td>春山</td><td>1823—1854</td></tr>
<tr><td>顺承敏郡王</td><td>庆恩</td><td>1854—1881</td></tr>
<tr><td>顺承质郡王</td><td>讷勒赫</td><td>1881—1917</td></tr>
<tr><td>顺承郡王</td><td>文葵</td><td>1917—1949</td></tr>
</table>

◆ 阿拜

阿拜（1585—1648），努尔哈赤三子。由于系庶出的缘故，他虽然也多年随军出战，屡立战功，但总的来说生平事迹并不显著，去世时仅仅是个二等镇国将军，直到去世五年后顺治皇帝才追封其为镇国公。阿拜有子七人，有爵位者三人。

◆ 汤古代

汤古代（1585—1640），努尔哈赤四子。与阿拜情况类似，去世时仅为三等镇国将军。

◆ 莽古尔泰

莽古尔泰（1587—1632），努尔哈赤第五子。少年时期即随父征战，因战功卓著而被封为贝勒，与代善、阿敏、皇太极并称后金四大贝勒。不过与其他贝勒相比，莽古尔泰的功劳还是要逊色不少，加上他性情暴躁、有勇无谋、举止粗鲁而不被努尔哈赤所倚重。1620年，莽古尔泰的生母富察氏衮代因参与代善图谋嗣子之位而获罪，被努尔哈赤休弃回娘家。据史料记载，莽古尔泰为讨父汗的欢心，居然狠心把生母杀死。次年，他又卷入汗位继承人的是非中，结果与有恩于自己的皇太极产生了矛盾。皇太极继位后，在1629年攻打明朝的军事行动中，莽古尔泰曾串通代善反对出兵。1631年，在攻打大凌河城时，莽古尔泰因作战不利与皇太极发生冲突，情急之下他居然抽出佩刀，幸好被其余兄弟及时劝阻才没有酿成更大的事端。事后，莽古尔泰虽去向皇太极请罪，但却被拒之门外。次年12月，气郁攻心的莽古尔泰暴病而亡。更不幸的是，莽古尔泰死后三年，其妹妹莽古济的仆人冷僧机告发他们兄妹曾在佛前焚烧誓词，图谋篡位。经搜查，结果找到了十六块写着金国皇帝之印的木牌，谋逆罪名成立。于是皇太极下令处死莽古济和莽古尔泰的儿子额必伦等人，追夺莽古尔泰的爵位，黜宗室，就连他的坟墓也被夷为平地，尸骸也一度被抛弃，其子孙至康熙时才复赐红带子为“觉罗”。

◆ 塔拜

塔拜（1589—1639），努尔哈赤六子，立有战功，去世时为三等辅国将军。塔拜有子八人，有爵位者三人：额克亲、班布尔善、巴都海。

◆ 阿巴泰

阿巴泰（1589—1646），努尔哈赤七子。在努尔哈赤诸子中，阿巴泰算是最英勇善战的一个。他一生驰骋疆场三十余年，虽伤痕累累却始终安然无恙。然而由于出身低微，阿巴泰虽战功显赫地位却一直不高，直到1644年才被顺治皇帝封为郡王，两年后便与世长辞。1662年，康熙皇帝追封其为和硕饶余亲王，赐谥号“敏”。

阿巴泰有子五人，有爵位者四人：长子尚建封贝子，次子博和讬晋贝子，三子博洛晋亲王，四子岳乐晋亲王后降郡王。

阿巴泰支系后裔中，较为有名的是清末的宝丰。宝丰（1850—1900），字和年，载字辈。1889年进士，官至翰林院侍读学士，1899年慈禧立溥俊为大阿哥时，宝丰为其师傅之一。1900年八国联军攻入北京时吞金自杀殉国，后追赠太仆寺卿衔，谥号“文洁”。

◆ 巴布泰

巴布泰（1592—1655），努尔哈赤九子，去世时为镇国公。

◆ 德格类

德格类（1592—1635），努尔哈赤十子，多有战功，被封为贝勒。死后由于冷僧机陷害，被定与莽古尔泰同谋之罪，追削贝勒爵位，其子孙也受牵连而被削去宗籍。康熙时才下令恢复德格类支系宗籍，赐红带子为“觉罗”。

◆ 巴布海

巴布海（1597—1643），努尔哈赤十一子，1636年被封为镇国将军。1639年因怀怨气而被皇太极夺爵。顺治继位后，因被控诬告大臣谭泰而被定罪，与其妻及子阿喀喇皆被处死。

◆ 阿济格

阿济格（1605—1651），努尔哈赤十二子，作战勇而无谋，1644年封和硕英亲王。1650年多尔衮死后，阿济格欲步其后尘当摄政王，暗中密谋发动兵变，结果计划被济尔哈朗粉碎。事后阿济格被幽禁，革去王爵，降为贝子。但他在幽禁期间反而更加狂暴无礼，甚至放言要放火烧毁监房，次年10月被迫自尽，其子孙降为庶人，仅有二子傅勒赫因无罪仍入宗室。1778年，乾隆皇帝才下令阿济格后人伯尔逊等各支子孙重新列入宗谱。

◆ 赖慕布

赖慕布（1611—1646），努尔哈赤十三子，去世时封奉恩将军。

◆ 多尔衮

多尔衮（1612—1650），努尔哈赤十四子。在清朝初年的爱新觉罗家族亲贵中，睿亲王多尔衮这个名字简直是如雷贯耳。无论是为大清朝所建立的功勋，还是所获得的权势和荣耀，他都是最显赫的。1626年，多尔衮晋封贝勒，逐渐崭露头角。皇太极当政期间，他一直备受器重，常年率军在外征战，立下了赫赫战功，1636年年仅二十五岁时便被封为和硕睿亲王。

1643年秋，皇太极病逝后，羽翼丰满的多尔衮卷入皇位之争。在与皇太极长子豪格一派的较量中，多尔衮及其拥护者毫不相让。眼看刚建立不久的大清王朝就要面临一场生死内斗，在代善等人的协调下，最终双方达成妥协，由皇太极第九子福临入承大统，而多尔衮和郑亲王济尔哈朗则左右辅政，共管八旗事务，成为当时的实际掌权者。从此，多尔衮以摄政王身份牢牢控制朝政一直到死。

总的说来，多尔衮对清朝初期的开拓与稳定做出了巨大贡献。正是在其摄政期间，清军开

多尔衮画像。多尔衮死后先被追封为成宗义皇帝，但没过多久便被削去。

始大举入关，征服中原。他不仅骁勇善战，而且谋略过人。他能善用降将与谋臣，善于把握战争全局，集中优势兵力，打击对方薄弱环节，最终取得战争的胜利，为清王朝在中国近三百年的统治奠定了基础。1644 年 10 月，多尔衮受封“叔父摄政王”。1647 年，他剥夺郑亲王济尔哈朗摄政王的资格，从而一人独掌八旗中的正白、镶白、正蓝三旗，头衔也升为“皇父摄政王”。

1650 年底，多尔衮在承德狩猎时意外坠马，很快就重伤而死。他死后，顺治帝追尊其为“懋德修道广业定功安民立政诚敬义皇帝”，庙号“成宗”。由于多尔衮无子，朝廷又下令以豫亲王的儿子多尔博入嗣，承袭睿亲王的爵位，其俸禄竟是其他诸王的三倍。但是随着顺治亲政，一场针对多尔衮的清算运动突然开始了。由老资格的郑亲王济尔哈朗牵头，王公大臣纷纷上奏弹劾多尔衮，追论他生前犯有谋逆罪，指责其独断专行、妄自尊大，自称“皇父摄政王”，并阴谋致死肃亲王豪格，纳其妃，收其财。最终顺治帝下诏剥夺多尔衮封号，并掘其墓，鞭其尸。当时在北京的意大利传教士卫匡国在《鞑靼战纪》中记载说：“顺治帝福临命令毁掉阿玛王（多尔衮）华丽的陵墓，他们把尸体挖出来，用棍子打，又用鞭子抽，最后砍掉脑袋，暴尸示众，他的雄伟壮丽的陵墓化为尘土。”直到 1778 年，乾隆皇帝才为多尔衮平反，下诏恢复其支系睿亲王的封号，爵位世袭罔替。

◆ 多铎

多铎（1614—1649），努尔哈赤十五子，与阿济格、多尔衮为同母兄弟，时人通称十王。作为清太祖努尔哈赤最年幼的嫡子，多铎从小就拥有显赫的地位，年纪轻轻就成为满洲地位最高的贝勒之一。因为按照当时满洲人的习俗，未分家的嫡出幺子称为守灶儿子，有权继承父亲所有遗产。然而在努尔哈赤死后，生母阿巴亥被迫殉葬，年幼的多铎从此成为孤儿。尽管有皇太极的精心照顾，但他的心理从此留下了阴影，导致其性格乖张、生性残暴。1636 年，多铎因功受封豫亲王，掌管礼部。尽管立下了许多战功，但他也因行为不检而屡屡受到处罚。1639 年 5 月，皇太极召诸王大臣历数多铎之罪，降亲王为贝勒，罚银万两，夺所属牛录三分之一给其兄多尔衮，并不准许他参与议政，也不让他插手管理六部事务。1644 年，由于在松锦大战中俘虏洪承畴，多铎晋封豫郡王，不久又恢复原来的亲王爵位。1645 年，多铎统领清军南征，一路势如破竹，在攻陷河南、安徽等地后又制造了“扬州十日”大屠杀。为表彰其功勋，当多铎班师回朝时，顺治帝亲自到南苑迎接，并在两年后加封他为辅政叔德豫亲王。1649 年 3 月，多铎突患天花不治而亡，年仅三十六岁。三年后多尔衮被追查时，多铎也受到牵连，其封爵被降为郡王。直到 1778 年，乾隆皇帝对多尔衮一案进行平反时才恢复其支系的亲王爵位。

◆ 费扬果

费扬果（1620—？），又作费扬古，努尔哈赤十六子。作为努尔哈赤最小的儿子，他下场并不好，其生平在史籍上记载很模糊，只知道他在皇太极时因犯罪被赐死，削除宗籍。1713 年，康熙皇帝下令恢复其宗籍，支系后裔赐红带子“觉罗”。

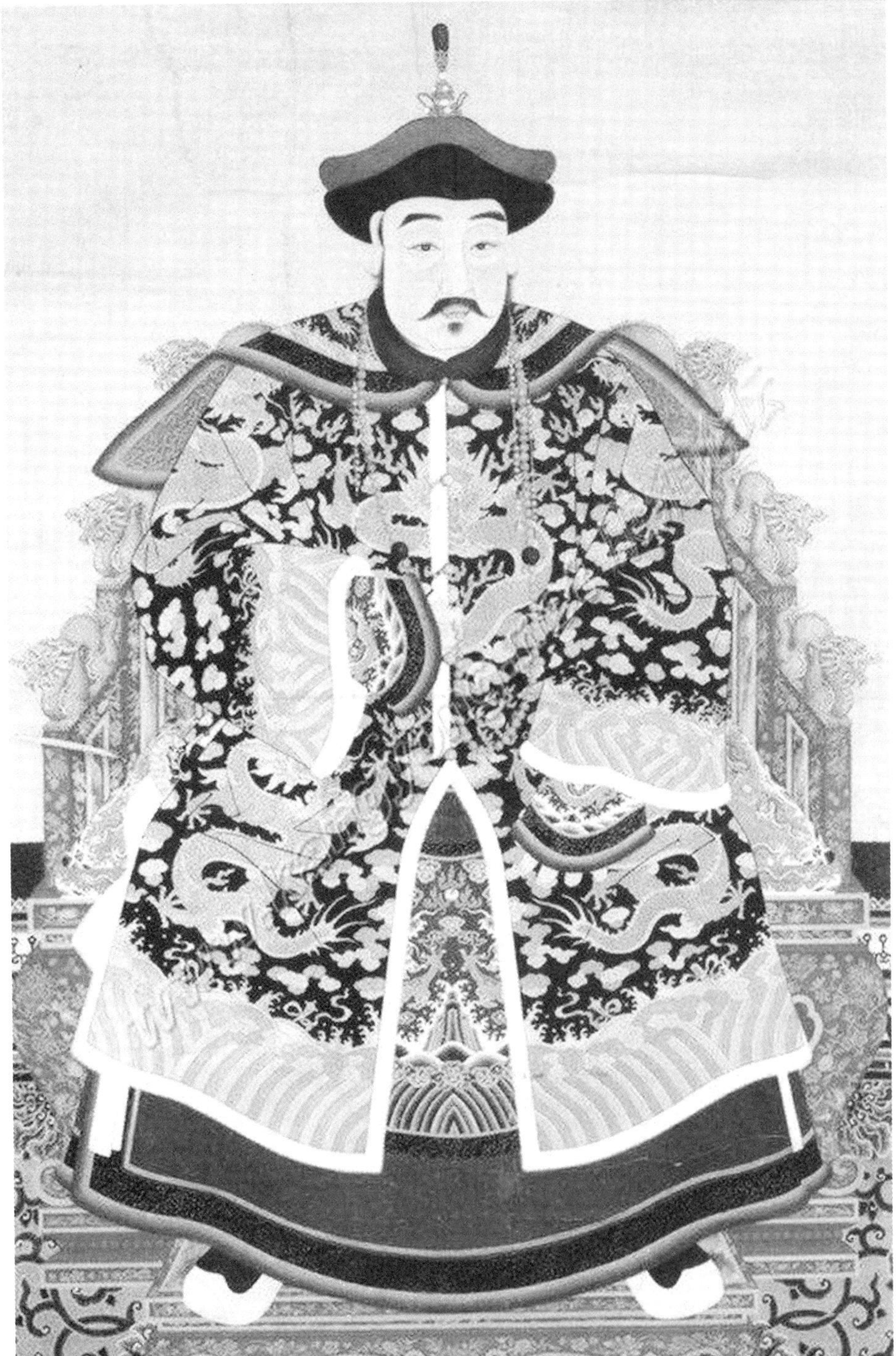

豫亲王多铎画像

满洲第一家族

皇太极

◆ 生平事迹

皇太极（1592—1643），努尔哈赤八子，并继承其汗位，又称天聪汗，1636年在沈阳称帝，改国号为大清，改女真为满族，是清王朝的实际创立者，庙号太宗，谥号“应天兴国弘德彰武宽温仁圣睿孝敬敏昭定隆道显功文皇帝”。

虽然皇太极在努尔哈赤诸子中仅排行老八，但因系嫡出而从小就受到父亲的宠爱，在兄长褚英、代善等人先后遭受打击后，皇太极的地位迅速上升。1616年努尔哈赤称汗时，皇太极就与代善、阿敏、莽古尔泰并列四大贝勒。由于后三人相继在爱新觉罗家族内争中失势，皇太极便成为最大的受益者，威望日渐提高。1626年努尔哈赤病逝后，在代善与其子岳讬及萨哈廉的拥护下，皇太极继承汗位。在位期间，他通过一系列手段巩固自己的权力，并仿效汉制建立起一套较为完备的行政机构。在军事方面，他通过创立汉军八旗和蒙古八旗扩大了兵源。凭借迅速壮大的军事力量，他屡次向明朝发动战争，掳掠大量财物和人口，占领了明朝除宁远外的关外全部城镇；还两次出兵朝鲜，统一了蒙古和黑龙江流域，为之后清朝迅速扩展、入主中原打下了坚实的基础。

他还极力学习汉族文化，翻译汉字书籍，重用汉臣；命人将老满文改造成新满文；大力扶植和宣扬喇嘛教以联络蒙古和西藏。1643年农历八月初九猝死于盛京后宫，享年五十二岁，葬于沈阳昭陵。

◆ 后世评价

《清史稿·太宗本纪》评价：“允文允武，内修政事，外勤讨伐，用兵如神，所向有功。”

蔡东藩：“满洲太宗确系能手，观其声东击西，征服朝鲜，其兵谋不亚乃父。”

左上图为皇太极朝服像。该像后被悬于奉先殿、太庙、寿皇殿等各处与皇家祭祖有关之场所。

右上图为皇太极朝服像。该像被首先发现于沈阳故宫，当为清入关前画师所绘，与后世所见清代帝王画像风格迥异。

左下图为皇太极常服坐像。当年，虽然在四大贝勒中皇太极年龄最小，但他却是四人中能力最为突出者。正因如此，努尔哈赤去世后，皇太极即位为天聪汗，并很快将四人共同议政的状态改为一人“独自面南而坐”。崇德八年（1643 年）八月初九日，皇太极猝死于盛京皇宫，关于其死因至今众说纷纭。不过，从整个清代来看，卒于农历十一、十二月与七、八月者较多，这应与当时天气极冷或是极热，容易导致不少急症的爆发有着不小关系。

皇太极的儿子们

皇太极有十一子，其中第九子福临即位。

长子，豪格，肃武亲王。

二子，洛格，幼殇。

三子，洛博会，幼殇。

四子，叶布舒，封辅国公。

五子，硕塞，承泽裕亲王。

六子，高塞，封镇国公。

七子，常舒，封辅国公。

八子，未命名，幼殇。

九子，福临，顺治帝。

十子，韬塞，封辅国公。

十一子，博穆博果尔，襄亲王。

◆ 豪格

豪格（1609—1648），皇太极长子，封肃亲王。想当年，身为皇太极的长子，豪格原本很有机会登上大清皇帝宝座，可是阴差阳错，他不但连亲王的帽子都三番五次被摘掉，最终还很悲催地遭到叔叔多尔衮的暗算，含恨而死。虽然后来落了个“武”的谥号，可在后人眼中，怎么看都觉得这位第一代肃亲王实在是太窝囊了。要知道，在满洲铁骑入关打天下的滚滚烟尘中，豪格可是立下了赫赫战功的。作为家中长子，豪格从小就被寄予厚望。他练就了一身过硬的骑射本领，从十多岁起就跨上战马东征西杀，几乎参加了所有关外的对明战争。由于战功显赫，豪格在爱新觉罗家族中的地位也不断上升——十七岁被封为贝勒，二十四岁晋为和硕贝勒，二十八岁晋封为和硕肃亲王。

1636 年，由于岳母莽古济与皇太极之间爆发了严重的冲突，豪格本人也受到牵连。莽古济乃皇太极同父异母的姐姐，也就是豪格的姑姑，而豪格所娶的正是自己的表妹、莽古济的二女儿。据说莽古济性格倔强而暴躁，与弟弟皇太极一向不和。原来在当时，为了笼络刚刚归顺的蒙古察哈尔部已故首领林丹汗的余部，皇太极命令儿子豪格娶林丹汗的遗孀伯奇福晋为妻。结果莽古济竟当场大闹婚宴，指责皇太极不该安排这桩婚姻，双方不欢而散。事后皇太极给莽古济定罪，不但革去其公主名号，贬为庶民，没收其部属和赐予的土地，还规定今后所有亲戚都不许与莽古济往来，否则严惩不贷。

对于豪格而言，一边是自己的父皇，一边则是自己的姑姑及岳母，这种夹板气对于任何男人都是很尴尬的。更令他没想到的是，不久又有人举报莽古济曾与其兄弟莽古尔泰、德格类等人图谋不轨。关键时刻，父子之情占据了上风。为了表明自己的立场，他先是公开宣称：“我是皇

第一代肃亲王豪格。豪格的性格中继承了其父的英武，但也有其母的柔弱。这也正是最终豪格与皇位擦肩而过，又被多尔衮屡次构陷，最终只能惨死狱中的原因。

上的儿子，妻子的母亲想谋害皇父，我怎么能与谋害皇父的女人同处呢？”接着竟一咬牙亲手杀死了妻子。实际上，对于这位自幼青梅竹马的表妹，豪格还是有很深的感情的。鉴于其关键时刻的表现，皇太极对豪格的举动应该是很满意的，不但分给了他大量财产和人马，还晋封他为和硕肃亲王，使其一举跻身于六大和硕亲王之列。然而好景不长，由于对杀妻之举深感内疚，豪格曾在私下里对父皇流露出不满，结果被人告发。1636年，恼怒的皇太极下令将豪格的爵位由亲王降为贝勒，并罚银千两。好在当时满洲政权正逢用人之际，豪格随后又有机会通过广立战功得到父皇的原谅。1639年，因为他率军在对明朝的作战中大获全胜，皇太极恢复了其肃亲王的爵位。

1643年农历八月初九，皇太极暴卒，一下打乱了爱新觉罗家族的平静。满洲人与汉人不同，没有嫡长子按部就班继位的制度，也没有早早指定接班人的传统。结果在皇太极死后，究竟由谁来继承大统，顿时成了困扰整个爱新觉罗族人的问题，而矛盾的焦点最终聚集在最有资格继承皇位的多尔衮和豪格身上。二人虽为叔侄，豪格却比叔父多尔衮大三岁——这年多尔衮三十二岁，豪格三十五岁，二人在综合能力方面也基本相当。多尔衮作为皇太极的亲弟弟，雄才大略、战功显赫，并且得到了武英郡王阿济格、豫亲王多铎等人的支持；而豪格则得到了礼亲王代善、郑亲王济尔哈朗以及内大臣索尼等人的支持，一度占优势。

据记载，八月十五那天，清朝的王公大臣们聚集在崇政殿商议登位大事。会议一开始，大臣索尼、鳌拜便提出由皇子继位，而德高望重的礼亲王代善则顺势提出，豪格作为先帝的长子，理应继承大统。随即，大多数与会者表示支持。谁知就在这关键时刻，作为当事人的豪格竟假装谦虚地推辞说自己“德小福薄，难以承担”。结果看到豪格这么一说，本来占据下风的多尔衮一派立即抓住话头进行反击。现场一片混乱之中，多尔衮提出一项折中方案：既然肃亲王豪格谦让，那就立先帝六岁的幼子福临，考虑到目前他还年幼，由自己与济尔哈朗左右辅政，待其年长后当即归政。由于这项方案照顾到了各派的利益，因此最终化解了一场政治危机。只不过在这次博弈中，豪格成了最大的输家。

1644年4月，豪格的一名亲信出面检举他散布对多尔衮不利的流言。结果多尔衮乘机对豪格进行严厉打击，处死了他的多名心腹，豪格本人也差点被杀，只是由于幼帝福临念及长兄的骨肉之情，终日啼哭不食，才使其免于一死，最终豪格被罚银五千两，废为庶人。半年后，由于大清迁都北京，豪格才被恢复肃亲王的爵位。1646年3月，豪格再度被起用。他被任命为靖远大将军，统率大军进入四川进攻张献忠的军队，大获全胜，彻底荡平了大西政权。1648年2月，圆满完成任务的豪格率军凯旋回京。不料仅仅一个月后，就有人举报他与郑亲王济尔哈朗勾结，结果后者被降为郡王，而他本人则被摄政王多尔衮下令收押入监，削去爵位。遭此突如其来的打击，郁闷愤慨的豪格在狱中猝然去世，时年仅三十九周岁。豪格死后，虽然他的子女没有受到牵连，但心爱的福晋居然被叔叔多尔衮霸占了。直到两年之后，亲政的顺治才为长兄平反昭雪，下令恢复其和硕肃亲王的爵位，1656年又追加谥号为“武”，豪格也因此成为清代满洲贵族中第一位按照汉族惯例被赐予谥号的王爷。由于功勋卓著，肃亲王后来又得到“世袭罔替”的特殊待遇，成为开国八大铁帽子王之一。

支系后裔

肃亲王世系	肃武亲王	豪格	1636—1648
	显懿亲王	富绶	1651—1669
	显密亲王	丹臻	1669—1702
	显谨亲王	衍潢	1702—1771
	肃勤亲王	蕴著	1771—1778
	肃恭亲王	永锡	1778—1821
	肃慎亲王	敬敏	1821—1852
	肃恪亲王	华丰	1852—1869
	肃良亲王	隆勤	1870—1898
	肃忠亲王	善耆	1866—1922

豪格的子孙中，最著名的人物当属末代肃亲王善耆。

○ 善耆

善耆（1866—1922），字艾堂，自号偶遂亭主人，清朝第十代肃亲王。1898年袭封王爵，历任镶红旗汉军都统、步军统领、民政部尚书、崇文门监督、理藩部尚书等职。在清王朝末年，善耆堪称皇室贵族中的另类。他为人正直，宽厚诙谐，政治上廉洁而开明，在当时有“贤王”之名。

从年轻时起，善耆就表现出了不同于大多数八旗子弟的特质。尽管出身显贵，他却十分厌恶好逸恶劳的习气，并练就了一身颇高的武艺。由于这些原因，善耆曾备受光绪皇帝的器重。1898年，在父亲肃良亲王隆勤去世后，善耆袭爵，成为最后一代肃亲王。庚子事变发生时，忠心耿耿的善耆不顾自己的王府被日本人占据，马不停蹄地追随慈禧太后与光绪皇帝，护送他们一路西逃。1900年10月，善耆被任命为崇文门监督。到任后，他大刀阔斧地对税务制度加以整顿，禁止勒索，革除贪污。1902年任步军统领兼工巡局大臣，负责北京的治安和市政建设。借此机会，他参照西方制度，建立起新式警察机构。1907年出任民政部尚书后，善耆加大了北京市政建设的力度。

更难得的是，善耆还是清朝末年皇族中少有的开明王爷。1907年6月，善耆出任民政部尚书。与许多思想顽固的满族亲贵不同，他积极拥护立宪，对一些激进的民运分子也是多方维护。1911年，各省谘议局代表为请求提前立宪聚集京师，摄政王载沣等权贵均避之不见，唯独善耆在民政部大堂迎见各代表。身为爱新觉罗家族的铁帽子王，在大清朝风雨飘摇之际，善耆还对造反派——革命党人采取宽容态度。尤其是处置汪精卫一事，更成为中国近代史上的一段奇闻逸事。

1910年4月初，汪精卫联合黄复生、罗世勋等革命同志，密谋用炸弹暗杀摄政王载沣，以图重振革命党人的士气。结果阴差阳错，计划败露，汪精卫等人被清廷捕获。按照清王朝的惯例，谋刺摄政王绝对是罪无可赦的“弥天大罪”，通常要凌迟处死并株连九族。危急关头，

末代肃亲王善耆，摄于 1901 年，肃亲王当时的年龄在三十五岁左右。从照片背景看，这张照片可能是摄于北京东城北新桥南船板胡同内（今东四十四条西头路北）肃亲王新府。

末代肃亲王中年像

善耆嫡福晋赫舍里氏

肃亲王善耆与侍卫合影

1902 年 1 月，肃亲王等与德国公使穆默等合影。前排右三起依次为载涛、载洵、善耆、穆默、溥伟、载沣。

当时负责审讯的肃亲王善耆出于对汪精卫的欣赏，极力说服摄政王载沣免除其死罪，判处终身监禁。由于这层原因，在辛亥革命胜利后，孙中山也曾专门写信给善耆，称他为“贤王”。对于善耆的保全之恩，后来飞黄腾达的汪精卫始终铭记于心。

不过在清王朝覆灭后，善耆却与爱新觉罗家族的王公贵族溥伟、良弼等人组成宗社党，试图复辟清朝。后来他又在日本人秘密护送下前往旅顺，与日本特务川岛浪速长期保持密切关系，此后又策划了一系列复辟活动，但最终都没有达到目的，而他所有的家产却为此付诸东流。1922 年 2 月，这位末代肃亲王病死于旅顺。为嘉奖其对大清王朝的忠心耿耿，逊帝溥仪追赠谥号“忠”。

◆ 叶布舒

叶布舒（1627—1690），皇太极四子，初封镇国将军，康熙时晋辅国公。由于多尔衮的刻意压制和抹杀，虽然他很小就随父出征，但在正史中却几乎没有记载。

◆ 硕塞

硕塞（1628—1655），皇太极五子，号霓庵，1644 年被封为多罗承泽郡王。清军入关后，曾随豫亲王多铎进攻陕州，击败李自成军，随后向南进兵，击破明福王朱由崧部，后又跟从多铎征喀尔喀，随英亲王阿济格戍守大同。1651 年晋封和硕承泽亲王，掌兵部、宗人府。他不但军功突出，还是清初爱新觉罗家族中少有的艺术家，堪称文武全才，其画作曾得到著名画家高士奇等人的高度评价。只可惜这样一位难得的人才却英年早逝，去世后其长子博果铎承袭爵位，并改号为庄亲王。

支系后裔

<table>
<tr><td rowspan="11">庄亲王世系</td><td>承泽裕亲王</td><td>硕塞</td><td>1644—1655</td></tr>
<tr><td>庄靖亲王</td><td>博果铎</td><td>1655—1723</td></tr>
<tr><td>庄恪亲王</td><td>允禄</td><td>1723—1767</td></tr>
<tr><td>庄慎亲王</td><td>永瑺</td><td>1767—1788</td></tr>
<tr><td>庄襄亲王</td><td>绵课</td><td>1788—1826</td></tr>
<tr><td>已革庄亲王</td><td>奕镈</td><td>1826—1838</td></tr>
<tr><td>庄勤亲王</td><td>绵护</td><td>1838—1841</td></tr>
<tr><td>庄质亲王</td><td>绵哗</td><td>1842—1845</td></tr>
<tr><td>庄厚亲王</td><td>奕仁</td><td>1846—1874</td></tr>
<tr><td>已革庄亲王</td><td>载勋</td><td>1875—1901</td></tr>
<tr><td>庄恭亲王</td><td>载功</td><td>1902—1915</td></tr>
</table>

乾隆皇帝当初在确定八家铁帽子王的资质时，为了保证太宗（皇太极）一脉下必须占据两

第二代庄亲王博果铎画像

席，特地在肃亲王豪格之外又将承泽亲王硕塞（第二代开始改为庄亲王）列入。不过严格说来，硕塞支系仅有两代人享受了这一头衔，因为从第三代开始，所谓的庄亲王其实已变成了康熙皇帝的支系子孙。事情是这样的，当硕塞的儿子博果铎死后，雍正皇帝居然下令将自己的亲弟弟，也就是康熙十六子允禄过继给他，作为庄亲王的继承人。

● 博果铎

承泽亲王硕塞的长子，袭爵后封号改为庄亲王。也许是继承了父亲的文艺细胞，博果铎虽然在政治上并无太大作为，却对戏剧颇感兴趣，对戏剧事业的发展有一定贡献。然而令人遗憾的是，博果铎虽然长寿，终年七十四岁，但膝下却清一色的格格，居然没有留下一名子嗣。这样一来，庄亲王支系就不得不面临重大变故了。

● 允禄

据记载，当年博果铎病危时，康熙皇帝亲自前去庄王府看望这位堂兄。当他看到老王爷身旁无人照顾时，便说："庄亲王身边怎么能无人侍候？过继十六阿哥为嗣吧！"十六阿哥指的是康熙的皇十六子允禄（1695—1767）。另据记载，博果铎去世时，实际上他还有四位嫡亲侄子在世，完全可以继承爵位，但刚刚即位的雍正皇帝却硬是将继承权转给了自己的兄弟允禄。好在允禄在承袭了庄亲王后，对博果铎的支系后人一直很关照，其宽厚与仁爱也受到当时舆论的一致称赞。

除了人品好之外，自号爱月居士的允禄还是一位才华出众的亲王。他自幼受康熙帝的影响，通晓音律，精通数学，曾参与编订《数理精蕴》，甚至还写过天文学方面的专著。后担任充算法馆总裁、玉牒馆总裁，很有治国之才。由于行事低调，因此在雍正即位后也受到重用，曾总管内务府事务，乾隆即位后成为辅政大臣，领双倍的亲王俸禄。他在掌管乐部期间，凭借自己的专长对宫廷礼乐实施了多种革新，与其他大臣一起依据《周礼》制造出博钟、特磬各十二口，朝廷大典时用以演奏。因为热爱戏剧，他还编成一部对古代南北戏曲音乐研究具有重要价值的戏曲曲谱《九宫大成南北词宫谱》。他还主持把流传甚广的历史故事改遍成四部皇家风格的历史大戏：《劝善金科》《升平宝筏》《鼎峙春秋》《忠义璇图》。就连戒备心很强的雍正也曾大度地评价这位弟弟"和平谨慎，心地纯良"。而对于这位老皇叔，乾隆也是尊敬有加，曾在其七十寿辰时专门写诗庆贺。1767 年，七十三岁的允禄去世。

◆ 高塞

高塞（1637—1670），皇太极第六子，字国蕤，号敬一主人、敬一道人、霓庵，封镇国公。或许是目睹了诸位皇叔、兄长们之间无情内斗的缘故，生性淡泊、厌恶权力之争的高塞从小就表现得与众不同。为了躲开家族的政治是非，他心甘情愿跑到沈阳，专心从事艺术研究，以至于虎视眈眈的多尔衮也不好意思对其下手，后来的顺治和康熙两代帝王都颇厚待他。虽然享寿不长，但高塞却在艺术领域达到了很高的造诣，诗书琴画样样精通，并著有诗集《恭寿堂诗》一卷。

高塞有五子，子孙后裔降袭辅国将军，后因事被夺爵。

◆ 常舒

常舒（1637—1699），皇太极七子，被封为辅国公，有子十人。

◆ 韬塞

韬塞（1639—1695），皇太极十子，被封为辅国公，有子十二人。

◆ 博穆博果尔

博穆博果尔（1642—1656），皇太极十一子，1655 年封襄亲王，无嗣。有野史传言他就是赫赫有名的董鄂妃的前夫，由于哥哥顺治抢夺其妻因而病死，实际上缺乏证据。而据《爱新觉罗宗谱》记载，博穆博果尔嫡福晋为博尔济吉特氏，并非董鄂氏。由于去世很早，在官方史书上几乎没有关于他的记载。

第 二 章

“宫斗”百年

凭借着八旗铁骑，征服中原，爱新觉罗家族取代朱明王朝成为天下第一家族。但家族内部的争斗却始终不曾停息。无论是顺治帝时期的多尔衮与豪格之争，还是康熙帝时期的“九子夺嫡”，都令人扼腕兴叹。

经过努尔哈赤、皇太极两代人的征战，爱新觉罗家族不但成为满洲第一家族，而且由于清王朝很快入关称雄中原，取代明王朝成为整个中国的主人，因此这个家族又摇身一变成为天下第一家族。凭借着八旗铁骑，征服中原的过程较为顺利，但爱新觉罗家族内部的矛盾与争斗却始终不曾停息。无论是顺治帝时期的多尔衮与豪格之争，还是康熙帝时期的“九子夺嫡”，都成为后世热议的话题。

天下第一家族

公元 1643 年（崇德八年）阴历八月初九日晚，爱新觉罗家族的掌门人、大清王朝的皇帝皇太极猝然去世，享年五十二岁。之后，经过一番家族内部的激烈较量，最终决定由皇太极第九子、时年仅六岁的福临继位，这便是顺治皇帝。

顺治帝

◆ 生平事迹

顺治（1638—1661），名爱新觉罗・福临，皇太极九子，1643 年即帝位。次年 9 月迁都北京举行登极大典，成为清朝入关后的第一位皇帝。

作为爱新觉罗家族历史上第一位娃娃皇帝，顺治的成长经历其实是非常坎坷的，加上其个人性格中的某些特质，造就了他颇具悲情色彩的命运。即位之初，顺治实际上是在叔父多尔衮和寡母孝庄太后联合辅佐下行使皇权的。特别是多尔衮，在战胜了豪格、济尔哈朗等人之后大权独揽，成为名副其实的摄政王。当然也正是在多尔衮的辅佐下，清朝军队一路南下横扫中原和江南，奠定了王朝统一的基础。直到多尔衮死后，顺治才开始摆脱傀儡地位，随即着手展开肃清多尔衮势力和影响的行动。他不但削除多尔衮的封号和爵位，没收其家产，还对其党羽进行了无情打击。为了缓和汉族的对抗情绪，顺治曾试图对满洲人入关初期的政策进行改变，并吸收汉文化的先进因素，只可惜由于保守势力的牵制而收效不大。或许是长期受多尔衮压制和母后管教过严的原因，顺治皇帝不但沉溺于和董鄂氏的爱情，还萌生了遁入空门的思想。结果在被封为皇贵妃的董鄂氏死后，堂堂的大清皇帝竟难抑悲痛之情，一病不起而英年早逝。顺治死后，其遗体火化，骨灰葬于遵化清东陵孝陵，庙号世祖，谥号“体天隆运定统建极英睿钦文显武大德弘功至仁纯孝章皇帝”。

顺治帝六岁登极，二十四岁去世，在位虽仅有十八年，却上承努尔哈赤、皇太极时代，下启康乾盛世，是一段十分重要的历史时期。

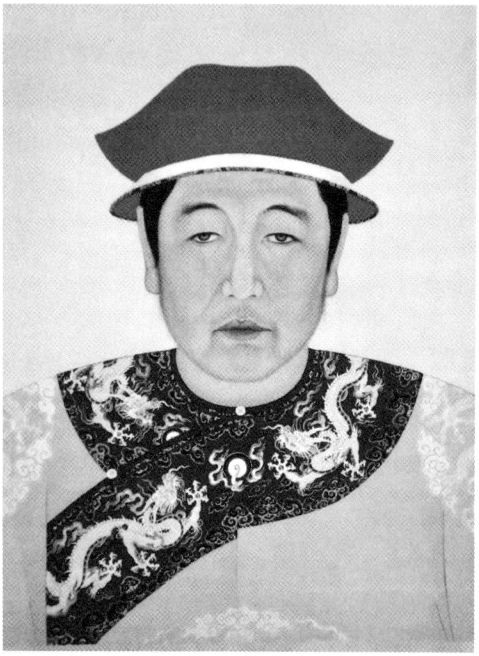

左上图为顺治朝服像。该像被首先发现于沈阳故宫，当为清入关前画师所绘，与后世所见清代帝王画像风格迥异。

右上图为顺治帝半身吉服像。该像是按照佛像的画法绘制的，耳朵画得比较夸张，以突出顺治帝是有福之人。

左下图为顺治帝半身吉服像

顺治帝之母——孝庄文皇后像

顺治帝第二位皇后——孝惠章皇后。顺治帝在位期间前后共有两位皇后，第一任皇后博尔济吉特氏，因是摄政王多尔衮亲自为其选定的，后被顺治以“无能”为由降为静妃。第二任孝惠章皇后，顺治对她也没有感情。顺治帝最爱的是贵妃董鄂氏。董鄂氏为顺治帝生下皇四子，却被顺治帝看作“第一子”。董鄂氏去世后，顺治帝悲痛欲绝，并追封其为“端敬皇后”，从董鄂氏及其子所受待遇可见顺治帝对其感情之深。

德国传教士汤若望像。汤若望于明崇祯年间来中国传教，他精通天文、地理、数学、医学。为弥补中国历法的弊端，汤若望开始根据西方科学编制适合中国的历法。因此他受到崇祯皇帝的最高礼遇，是唯一能自由进出皇宫的外国人。清朝建立后，多尔衮下令北京城的非满人都必须搬出，否则杀无赦。而汤若望冒死写信给多尔衮，提到历法编制的重要。多尔衮很欣赏这位传教士，破例让他待在北京城，并请他继续编写历法。其间由于他精通医术，治好了孝庄皇后的病，所以被请进朝廷做官，并和孝庄、顺治建立了非常好的关系。当时顺治很小，多尔衮的野心不断膨胀，汤若望安慰顺治说：多尔衮太过霸道，上天会惩罚他的。后来多尔衮从马上落下摔伤，于是很多人便坚信这个德国人有知晓未来的能力。顺治后来染上了天花，可是一直对传位给哪位皇子犹豫不决，他临终前请汤若望给他建议。汤若望是当时唯一一个知道天花的破坏性影响的人，于是他从大清帝国的长远考虑，建议一定立一个曾经出过天花的皇子当皇上，这个人就是后来的康熙——玄烨。

中南海万善殿。顺治帝由于与董鄂妃的关系等原因，与孝庄太后并不和睦；加之他感情细腻、多愁善感又体质羸弱，成年后以佛为精神寄托。为了经常能与高僧们研讨佛经，顺治将中南海明代西苑的蕉园，由道教场所改成佛教场所，修建万善殿。万善殿遂成为紫禁城内禅宗佛教的一座寺庙。

临终前，经与母后孝庄太后及西洋传教士汤若望等商议，顺治决定立三子玄烨为太子。因为在当时六个阿哥当中，只有二子福全和三子玄烨年岁较大，其余均太年幼；而只有玄烨已经出过天花，可避免日后新帝再因感染此病早亡而导致朝政不稳的悲剧。对于大清朝以及爱新觉罗家族而言，在顺治皇帝短暂的一生中，或许只有临终前的这一决定堪称他最大的业绩。因为正是有康熙皇帝的出现，大清朝才开始了一个长达一百多年的黄金时期，而爱新觉罗家族也因此更加繁荣昌盛。

◆ 后世评价

《清史稿》:“顺治之初，睿王摄政。入关定鼎，奄宅区夏。然兵事方殷，休养生息，未遑及之也。迨帝亲总万几，勤政爱民，孜孜求治。清赋役以革横征，定律令以涤冤滥。蠲租贷赋，史不绝书。践祚十有八年，登水火之民于衽席。虽景命不融，而丕基已巩。至于弥留之际，省躬自责，布告臣民。禹、汤罪己，不啻过之。书曰：‘亶聪明作元后，元后为民父母。’其世祖之谓矣。”

卫匡国这个皇帝虽然年轻，但一开始治理国事就表现得深谋远虑，受到各个阶层、各个集团的赞扬，胜过了头发灰白的最有才智的大臣们。他已经不再是一个傀儡了，在处理政务方面也表现出惊人的判断力。

顺治帝的儿子们

顺治帝共八子：

长子，牛钮，幼殇。

次子，福全，封裕亲王。

三子，玄烨，即康熙帝。

四子，未命名，幼殇，谥荣亲王。

五子，常宁，封恭亲王。

六子，奇绶，早殇。

七子，隆禧，封纯亲王。

八子，永干，早殇。

◆ 福全

福全（1653—1703），顺治次子，康熙异母兄，被封为裕亲王。据说幼年时父皇曾问其有何志向，他回答说“愿为贤王”，因此广为族人称道。在顺治皇帝去世时，八岁的福全最长。虽然最终没有被立为继承人，但他后来却毫无怨言，不但与康熙从小就结下了很深的情谊，而且在康熙继位后尽心尽力效忠，屡次率军出征，屡立战功。为了表彰他的忠心，康熙很早就封其为

福全之孙、第四位裕亲王广禄画像。

亲王，参与议政。1690年，噶尔丹图谋叛乱，福全受命为抚远大将军率军出征，大败叛军。其后曾因粮草不足而自行撤军，被免去爵位，并罚俸三年。1695年康熙再度亲征噶尔丹时，福全同样随军出战。对于这位兄长，康熙是怀有很深感情的。1703年，福全生病，康熙亲临其府看视，后来得知其病重的消息后，正在塞外出巡的康熙又急命诸皇子赶回京城探望。同年6月24日，福全病故，康熙匆匆回京，亲自前去祭奠，出殡时又亲往福全王府恸哭不止。

支系后裔

福全有子六人：

长子，昌全，年三岁殇。

二子，詹升，年三岁殇。

三子，已革和硕裕亲王保泰。

四子，保安，年四岁殇。

五子，追封和硕悼亲王保绶。

六子，宝永，年五岁殇。

保泰，袭父亲王爵位，雍正时因受廉亲王允禩牵连被夺爵，转而以弟保绶子广宁袭，保绶追封悼亲王，其子孙降袭至镇国公。

◆ 常宁

常宁（1657—1703），顺治帝第五子，康熙异母弟，1671年封为和硕恭亲王。1690年随康熙出征噶尔丹，任安北大将军。有六子：长子永绶，封辅国将军；次子满都护，封奉恩镇国公；三子海善，封贝勒；四子对清额，封辅国将军；五子卓泰，封辅国将军；六子文殊保。

◆ 隆禧

隆禧（1660—1679），顺治七子，1674年被康熙封为纯亲王，十九岁卒。其独子富尔祜伦（1679—1681）袭爵，因早夭而致爵位被废除。

“千古一帝”家事忧

康熙帝

◆ 生平事迹

康熙（1654—1722），爱新觉罗·玄烨，顺治三子，清朝入关后第二代皇帝，1661 年即位。

康熙即位时实际年龄只有六岁，其父顺治遗命由索尼、苏克萨哈、遏必隆、鳌拜四大臣共辅政。虽然同样是幼年登极，不得不在权臣和太皇太后的辅佐下逐渐成长，但与父皇不同的是，康熙却表现出了一位杰出帝王的才能与气度。自 1667 年亲政后，他在十六岁时就联合索额图等人智擒权臣鳌拜。在位期间，他宣布禁止满人圈地，奖励垦荒，蠲免钱粮，为社会经济发展提供了制度保障；政治上加强皇权、平三藩、收台湾、打败噶尔丹、抗击沙俄，使民族国家的统一得到巩固发展；文化上大力提倡儒学，积极笼络汉族知识分子，进一步稳固了王朝的统治。作为爱新觉罗家族历史上最伟大的代表，康熙颇具祖先之风范，在历次征战中显示出卓越的军事指挥才能。而作为一名出色的政治家和睿智的君主，他在位时间长达六十一年，开创了康乾盛世的大局面，堪称前无古人的“千古一帝”。正因如此，在去世后被尊为圣祖仁皇帝，谥号“合天弘运文武睿哲恭俭宽裕孝敬诚信功德大成仁皇帝”，葬于清东陵之景陵。

◆ 后世评价

《清史稿》：“圣祖仁孝性成，智勇天锡。早承大业，勤政爱民。经文纬武，寰宇一统，虽曰守成，实同开创焉。圣学高深，崇儒重道。几暇格物，豁贯天人，尤为古今所未觏。而久道化成，风移俗易，天下和乐，克致太平。其雍熙景象，使后世想望流连，至于今不能已。”

白晋（1656—1730，早期来华传教士）：“康熙帝具备天下所有人的优点，在全世界的君主中，应列为第一等的英主。”

莱布尼（1646—1716，近代欧洲哲学家）：“现世皇帝康熙就是这么一个空前伟大的君主。他对欧洲人颇怀好感，但起初还是不敢违反辅政臣僚的意愿，以国家法规形式公开允准基督教在中国自由传播。直到他亲政之后，方才办到这点。事实证明，正是康熙这一雄才大略才使得欧洲的技艺和科学更快地输入中国。仅此而言，我认为康熙帝一个人比他所有的臣僚都更具远见卓识。我之所以视他为英明的伟人，因为他把欧洲的东西与中国的东西结合起来了。”

L.S. 斯塔夫里阿诺斯（《全球通史》作者）：“康熙有理由这样自信。他统治的大清帝国是世界上最强大、最富庶的国家，就连那些自命不凡的欧洲来访者都不得不承认这一点。……他在‘康熙’这一年号下，统治中国六十多年，并成为 17 世纪的伟大人物。同时康熙又是一位卓越的军事家，一位精细的管理者，一位渊博的学者。”

康熙朝服像

老年康熙朝服像

康熙便服像。现如今，不少文博机构纷纷利用上图设计制作相关文化产品。如大家最为熟知的“朕知道了”胶带，其包装上便有这幅康熙帝像。

右页图　西洋版画中的康熙形象（刊于法国基歇尔（Athanasius Kircher）1667 年出版的《中国图说》）。不少西方史学家经常将康熙帝与法国的太阳王——路易十四做比较，这不仅是因为两人同处于一个时代，还因为这两个人有着相当多的共性——年幼登极、在位时间长、勤奋好学、治国有方等。法国传教士白晋当年在他进呈给法王路易十四的报告中，曾这样描绘康熙帝的相貌：“他威武雄壮，仪表堂堂，身材高大，举止不凡。他的五官端正，双目炯炯有神，鼻尖略圆而稍显鹰钩状。虽然脸上有一点天花留下的痘痕，但是丝毫不影响他的美好形象。”南怀仁对康熙帝外貌的描述是：“年近五十岁，身材魁伟，黑黑的大眼睛，鼻子稍高，黑色的连鬓胡须很厚密，几乎没有下髯，脸上有点痘痕，普通身材。”

Imperij
Sinæ Tartarici Supremus
MONARCHA.

《康熙戎装像》。图中这位尚武的皇帝一身戎装、表情肃穆地端坐在马扎上，前侧各有两名侍从分立左右，一棵遒劲的苍松像华盖一样占据了整个画面最上方。据说，这是康熙传世肖像中最年轻的一幅。

康熙戎装像

中南海瀛台远景

右页上图　瀛台南端的迎薰亭。康熙帝对瀛台情有独钟，每到夏天他就移驻瀛台听政。那时，众多上朝的官员在月明星稀时就得离家，赶往西苑。康熙还经常召近臣在这里观赏荷花、稻田及修竹。他在《瀛台诗》中赞道："红阑桥转白苹湾，叠石参差积翠间。画舫分流帘下水，秋花倒影镜中山。风微瑶台归云近，日落青宵舞鹤还。乘兴欲成兰沼咏，偶从机务得余闲。"

右页下图　从迎薰亭内南望，摄于 1922 年。图中南望所见宝月楼（今新华门），始建于乾隆二十三年（1758 年）。

康熙帝的儿子们

无论是在清朝历代皇帝，还是在整个爱新觉罗家族历史中，康熙皇帝一系都堪称最枝繁叶茂的了。据统计，这位伟大的皇帝前后共有三十五子二十女，其中写上宗谱的有二十四子十一女，较有影响的则当属后来参与“夺嫡”的九子。康熙二十四位皇子原本均以“胤”字开头，雍正皇帝胤禛即位后，为避皇帝讳，除十三子怡亲王胤祥因与雍正帝关系最为亲密得以保留“胤”字外，其余诸子一律改为“允”字开头。

长子，胤禔，封直郡王，后被革爵监禁。

二子，胤礽，嫡长子，曾两度被立为太子，后遭禁锢，卒后追封理密亲王。

三子，胤祉，封诚亲王，被夺爵囚禁。

四子，胤禛，即雍正帝。

五子，胤祺，封恒亲王。

六子，胤祚，幼殇。

七子，胤祐，封淳郡王。

八子，胤禩，封廉亲王，后遭削爵圈禁，并削宗籍，更名为阿其那。

九子，胤禟，封贝子，后遭夺爵幽禁，削宗籍，改名塞思黑。

十子，胤䄉，封敦郡王，后夺爵拘禁，乾隆时获释，封辅国公。

十一子，胤禌，幼殇。

十二子，胤祹，封履亲王。

十三子，胤祥，封怡亲王。

十四子，胤祯，封郡王，革爵禁锢。乾隆时获释，晋恂郡王。

十五子，胤禑，封愉郡王。雍正九年卒，谥号“恪”。

十六子，胤禄，嗣庄亲王。

十七子，胤礼，封果亲王。

十八子，胤祄，幼殇。

十九子，胤禝，幼殇。

二十子，胤祎，封贝勒。

二十一子，胤禧，封慎郡王。

二十三子，胤祁，封贝勒。

二十四子，胤祕，缄亲王。乾隆三十八年死。

◆ 胤禔

胤禔（1672—1734），康熙帝长子，实际排行第五，因康熙前四子均过早夭折，所以被视为皇长子。虽位居长子，可惜由于母亲只是康熙庶妃的缘故，所以胤禔的地位并非最尊贵。据记载，胤禔长相极为俊美，才能也非常出众，替父皇效力也最多。年仅十八岁时，他就奉命随抚远大将军福全出征作战，二十六岁时曾随父皇亲征噶尔丹，因功被封为直郡王。四年后康熙帝巡视永定河时，胤禔出任总管。所有这些业绩都使他赢得了父皇的信任。当时曾在皇宫内服务的西方传教士白晋就证实：“皇上特别宠爱这个皇子，这个皇子确实很可爱。他是个美男子，才华横溢，并具有其他种种美德。”然而到康熙晚年时，随着诸皇子之间为争夺储位展开明争暗斗，作为长子的胤禔也深深地卷入其中。

由于出身低微，身为长子的胤禔在看到弟弟胤礽被立为太子后，其内心深处自然是很不平衡的。在诸子争位风波中，当胤礽几度遭到康熙贬斥时，得到大学士明珠等人支持的胤禔也开始利用有利时机谋继大统。遗憾的是，从一开始，康熙似乎就根本没有考虑过将其作为储君人选之一。康熙四十七年九月，当胤礽被废掉太子名位并圈禁时，利令智昏的胤禔竟然上奏请父皇诛杀胤礽，使康熙大为震惊和愤怒。稍后，感到自己夺储无望的胤禔又极力推荐八弟胤禩，试图从中渔利。不久，皇三子胤祉揭发胤禔阴谋利用巫术镇魇胤礽。事发之后，康熙帝免其一死，但下令将其革爵，终身幽禁。此后，曾经风采出众的皇长子胤禔在高墙之内一直被囚禁了二十六年，直至六十三岁病故，其时已是雍正十二年。

子孙后裔

胤禔虽然风华正茂时就被囚禁，后半生都失去了自由，但却子嗣繁多，有子十五人，可惜受家庭变故的影响，或享寿不长，幸存者也身份不高。

长子，弘昱年二十三岁，无嗣。

二子，弘方，封奉恩镇国公，年六十九岁，有九子。

三子，弘韦，六岁卒。

四子，弘曜，四岁卒。

五子，早夭。

六子，弘晗，封二等侍卫，年四十六岁，有二子，长子永琼。

七子，弘勺，封三等侍卫，年三十四岁，有七子。

八子，早夭。

九子，早夭。

十子，早夭。

十一子，早夭。

十二子，弘晌，封奉恩将军，年六十四岁，有七子。

十三子，弘同，封三等侍卫，年三十八岁，有四子。

十四子，弘明，年七十五岁，有一子。

十五子，弘屯，年七十四岁，有六子。

◆ 胤礽

胤礽（1674—1725），康熙帝次子（实为第七子），乳名保成，因其母为皇后赫舍里氏，所以在刚满周岁时即被确立为皇太子，由此成为清朝历史上唯一一位明立皇太子。

作为嫡长子，胤礽从小就受到父皇百般宠爱，加上他本人自幼聪慧好学，文武兼备，因此一度在朝野上下获得高度称赞。然而在漫长的三十三年太子生涯中，胤礽的行为变得越来越乖张，不但深深地卷入到兄弟争斗中，同时也与父皇产生了日益尖锐的矛盾。

早在1690年7月，当康熙帝率军亲征噶尔丹时，就因太子胤礽对自己的病情漠不关心而心生芥蒂，这也为后来父子日益走向决裂埋下了伏笔，而胤礽的地位也渐渐动摇。更令康熙帝不能容忍的是，在诸皇子争权的过程中，还形成了有众多大臣参与的太子党。经过一番较量，1708年9月，康熙帝公开颁布诏书，以“不法祖德、不仁不孝”的罪名废黜了胤礽的太子身份。此后不久，鉴于诸皇子为争夺太子之位愈演愈烈，康熙帝又于1709年3月再度立胤礽为太子。只可惜父子之间的矛盾已不可调和，1712年9月，康熙帝再度宣布废黜胤礽太子之位，将其幽禁于咸安宫，并宣称不再立太子。1722年，康熙帝临终前传位于四子胤禛，同时将胤礽幽禁于在昌平郑家庄特意修建的王府。1724年12月，胤礽在幽禁中死去，雍正帝追封其为理亲王，谥曰“密”，令其子弘皙承袭爵位。

子孙后裔

胤礽有十二子，其中最著名的是次子弘皙。

长子，未有名，十一岁卒。

次子，弘皙，封理亲王，后革爵，年四十九岁。

三子，弘晋，封奉恩辅国公，年二十二岁。

四子，未有名，幼殇。

五子，未有名，早夭。

六子，弘曣，封奉恩辅国公，年三十九岁。

七子，弘晁，封奉恩辅国公，后革爵，年六十一岁。

八子，未有名，十二岁卒。

康熙之次子胤礽，曾被立为太子，两度被废。

九子，弘晉，封三等侍卫，年六十八岁。

十子，弘㬙，封理恪郡王，年六十三岁。

十一子，弘晒，年四十四岁。

十二子，弘晥，封奉恩辅国公，年五十二岁。

● 弘皙

弘皙（1694—1742），胤礽次子，同时也是康熙帝的长孙。或许正是这一原因，尽管其父一生命运坎坷，经历了两度被废黜的惩罚，但由于祖父康熙帝的喜爱，他本人早年并没有受到太大冲击，而是长期养育宫中，受到了较好的照料。雍正即位后，二十八岁的弘皙被封为郡王，后又晋封为和硕理亲王，成为同辈中爵位最高者。此后较长的时间内，弘皙一直携家人居住在远离京城的昌平郑家庄府邸。不过到 1739 年，也就是乾隆四年时，由于被控对朝廷不满，心怀异志，弘皙遭到了比其父还要悲惨的处分——革除王爵，开除宗籍，甚至改名“四十六”，并一直被幽禁到死。弘皙还有一点与乃父类似，那就是子嗣众多，共计生育十八个儿子、十七个女儿。

◆ 胤祉

胤祉（1677—1732），康熙帝第三子。由于从小聪明好学，文武双全，曾备受康熙帝喜爱。1698 年，刚满二十岁时就被封为诚郡王。1708 年康熙惩罚企图谋害太子胤礽的长子胤禔时，胤祉因与太子平日关系密切而受到父皇称赞，被晋封为和硕诚亲王。不过到雍正即位后，胤祉同样是因为与胤礽关系密切的缘故而遭到排斥，最终被革除爵位，幽禁于景山至死。

胤祉有十二子：

长子，弘晴，六岁卒。

二子，未有名，早夭。

三子，弘晟，已革亲王世子，年三十五岁。

四子，未有名，早夭。

五子，未有名，早夭。

六子，弘曦，年四十二岁。

七子，弘景，封固山贝子，年七十五岁。

八子，弘暹，封副理事官，年六十二岁。

九子，未有名，早夭。

十子，弘晃，封四等侍卫，年三十七岁。

十一子，弘易，封三等侍卫，年四十岁。

十二子，弘曯，封三等侍卫，年四十七岁。

康熙之三子胤祉

◆ 胤祺

胤祺（1679—1732），康熙帝第五子，1709年被封为和硕恒亲王。与大多数兄弟相比，胤祺的一生比较平静。由于其心地善良、谦虚谨慎、为人敦厚，因此在康熙诸子争夺储位的过程中基本能置身于是非之外，从而得以安享富贵，于1732年（雍正十年）5月去世，享年五十四岁。

胤祺有七子：

长子，弘升，已革亲王世子，贝勒品级，年五十九岁。

次子，弘晊，封和硕恒恪亲王，年七十六岁。

三子，未有名，幼殇。

四子，弘昂，封镇国将军，年七十七岁。

五子，未有名，早夭。

六子，弘晌，封奉恩将军，年四十四岁。

七子，弘曈，封奉恩将军，年四十四岁。

◆ 胤祐

胤祐（1680—1730），康熙帝第七子，1709年被封为多罗淳郡王，1723年晋封和硕淳亲王。同其兄胤祺一样，胤祐为人低调、恪尽职守、处事小心，因而能平安度过一生，在去世后受到雍正帝的公开表彰。

胤祐有七子：

长子，弘曙，已革亲王世子，年四十一岁。

次子，弘晫，辅国将军，年四十七岁。

三子，未有名，早夭。

四子，弘昕，幼殇。

五子，未有名，早夭。

六子，弘景，封多罗淳郡王，年六十七岁。

七子，弘泰，封奉国将军，年三十八岁。

◆ 胤禩

胤禩（1681—1726），康熙帝第八子，是爱新觉罗家族内雍正帝的主要政治对手。由于聪明好学，处事老到，在朝野中有良好的口碑。胤禩从小就备受康熙喜爱，多次被委以重任，十七岁时即被封为贝勒，是当时封爵皇子中最年轻的。关于他的才干，雍正有“胤禩较朕诸弟，颇有办事之才”，“胤禩为人聪明强干，才具优裕，朕深知其能办大事”等评论。

康熙之八子胤禩

在胤礽第一次被废黜太子之位时，许多大臣纷纷保举胤禩为皇太子候选人，并在其周围一度形成了所谓的“八爷党”，胤禩也因此成为雍正的最大威胁。雍正即位之初，为形势所迫，不得不先晋封胤禩为廉亲王，负责工部事务。到 1726 年（雍正四年），随着根基稳固，雍正帝开始毫不留情地打击胤禩的势力，先是以各种借口削除其王爵，接着又下令将其囚禁于宗人府，围筑高墙，身边仅留太监二人。为了从精神上彻底摧垮胤禩，雍正帝甚至令其父子自行改名以表谢罪，并最终分别为其父子改名为“阿其那”和“菩萨保”。同年 9 月，胤禩因呕病暴亡于监所，而民间也有传说他是被毒死的。

◆ 胤禟

胤禟（1683—1726），康熙帝第九子，胤祺同母弟。1709 年被封为贝子。他自幼聪慧好学，酷爱读书，喜欢搞些发明。与其父康熙帝一样，对西方文化表现出浓厚的兴趣，与来华传教士关系密切，甚至曾自学外语。在当时人眼中，胤禟为人慷慨大方，重情重义，人缘甚广。可惜的是，由于同皇八子和皇十四子交好并支持他们与雍正争夺储位，因此其下场同样悲惨。1726 年（雍正四年），雍正帝下令将胤禟革去黄带子，除宗籍，圈禁，改其名为“塞思黑”。同年 8 月，胤禟在保定监禁中被折磨而死，也有传说是被毒死的。直到 1778 年（乾隆四十三年），乾隆帝才下令恢复胤禟原名，其子孙也重新收入玉牒。

胤禟有八子：

长子，弘晸，授散秩大臣，年八十二岁。

次子，弘暲，年四十八岁。

三子，弘相，年三十岁。

四子，弘爱，年二十七岁。

五子，弘鼎，三等侍卫，年七十二岁。

六子，栋喜，年七十二岁。

七子，四保，已革侍卫，年五十三岁。

八子，都锡欣，年五十六岁。

◆ 胤䄉

胤䄉（1683—1741），康熙帝第十子。1709 年被封为敦郡王，同样因与胤禩交好而遭到雍正的打击，1724 年被圈禁革爵。直到 1737 年才被乾隆帝释放，授辅国公品级，去世时以贝子礼安葬。

胤䄉有子六人：

长子，未有名，早夭。

次子，弘旭，幼殇。

三子，未有名，幼殇。

四子，未有名，早夭。

五子，弘暄，年二十八岁。

六子，弘晙，年六十二岁。

◆ 胤祹

胤祹（1685—1763），康熙帝十二子，由于他在诸兄弟争夺储位的斗争中始终保持中立，因此得以安享天年，被雍正帝晋封为履亲王。

胤祹有六子：

长子，未有名，早夭。

次子，未有名，早夭。

三子，弘是，幼殇。

四子，未有名，幼殇。

五子，弘昆，世子品级，年十二岁。

六子，未有名，早夭。

◆ 胤祥

生平事迹

胤祥（1686—1730），康熙帝第十三子，因与雍正帝胤禛关系最亲密而被特准保留原名字中的“胤”字。

胤祥的生母章佳氏虽然共为康熙养育了一子二女，但地位并不显赫，且不幸于1699年去世。当时胤祥只有十四岁，而两个妹妹分别为十三岁和九岁。按照皇宫内的惯例，兄妹三人由其他嫔妃代为抚养，而抚养胤祥的德妃乌雅氏正是雍正皇帝胤禛的生母。由于性情相投，胤祥与比他大八岁的胤禛很快建立起了密切的关系，二人几乎形影不离，不是同胞而胜似同胞。据史书记载，胤祥在青少年时还是很得康熙宠爱的。从十三岁起，他就多次跟随父皇外出巡幸，令诸皇子颇为羡慕。或许是早早失去母亲呵护的缘故，老十三从小就懂得必须加倍努力。他能文能诗，书画俱佳，可谓才华横溢。有一次跟随父皇南巡时，康熙皇帝曾自信地向大臣们展示胤祥书写的对联，赢得满堂喝彩。更难得的是，胤祥的武功也十分了得，骑马射箭样样精通。据说有一次他随父皇出巡狩猎时，突然有一只猛虎从树林窜出，结果被他从容用刀砍翻。按理说，像胤祥这样文武兼备，性格又谦和的皇子，肯定会受到康熙的器重。然而事实却并非如此，随着诸皇子对太子之位的争夺日益激烈，老十三也很难全身而退。由于他坚定地站在四哥一边，最终成了牺牲品，以至于非但失去了父皇的宠爱，而且一度遭到圈禁。1698年和1709年，康熙曾两次册封皇子，结果就连比胤祥小两岁的老十四胤祯都被册封为贝子，而他却两手空空。

雍正即位后，胤祥终于迎来了人生的重大转机。想当年，康熙的皇子们为储君之位争得头破血流之际，老十三胤祥坚定地站在了四哥胤禛一边，并在后者登极后呕心沥血地贡献自己的才智，最终劳累过度，英年早逝。而雍正也没有亏待这位忠心耿耿的小弟。刚刚登极，还没顾得上清除昔日的对手，他就大张旗鼓地对胤祥进行封赏。先破格封其为和硕怡亲王、总理事务四大臣之一，又大兴土木为其营建规模恢宏的怡亲王府。而对于皇兄的重用和厚待，胤祥也始终怀着一颗感恩的心，为雍正王朝贡献了全部的心血和才智。整整八年间，无论在什么岗位，他都倾尽全力辅佐皇兄。

难得的是，胤祥虽然在雍正手下位高权重，但却始终能保持一心为公、清正廉洁的本色。他公私分明，严于律己，生活俭朴，对自己的家人也严格要求。甚至在临终时还交代说，自己死后“只用常服，一切金玉珠宝之属，概不可用”。整整八年间，这位十三爷以实际行动向世人证明了什么是德才兼备的王爷。而在荣誉面前，他也从未躺在功劳簿上吃老本，反而是地位越高越低调。对于皇兄赐予的各种奖赏和殊誉，他从来是能辞就辞，能推就推，实在推不掉的才谨慎接受。1726年，雍正亲笔题写“忠敬诚直勤慎廉明”八个大字，命人制成匾额赐给胤祥，还赞誉他“公而忘私，视国如家”。

1730年5月，为雍正王朝操劳了八年的胤祥不幸倒下了，时年仅四十五岁。惊闻十三弟病逝的噩耗，雍正悲痛欲绝，他不但亲自出席丧礼，并辍朝三日表示哀悼。他在为胤祥写的悼词中有这样一番话：“怡亲王薨逝，中心悲恸，饮食无味，寝卧不安。王事朕八年如一日，自古无此公忠体国之贤王，朕待王亦宜在常例之外。今朕素服一月，诸臣常服，宴会俱不必行。”为了表彰这位贤王，雍正下令封谥号“贤”，并将御书“忠敬诚直勤慎廉明”八字加于谥上，配享太庙，改其居所为贤良寺，甚至下旨将之前为避讳而所改的名字胤祥中的“允”字改回“胤”字，以示最大的褒奖，而这也是有清一代臣子不避皇帝讳的唯一事例。胤祥死，由其第七子弘晓袭怡亲王爵。原来他拒辞不受的另一郡王爵，则封其第四子弘晈袭爵，为宁郡王。到雍正的儿子乾隆时，为了追念十三皇叔的功绩，又特下诏：“怡贤亲王公忠体国，其爵位亦应世袭罔替。”就这样，怡亲王便成为大清朝第一家恩封的铁帽子王。

然而，十三爷胤祥尽管生前身后都享尽了尊荣，但他的后代却很少能沾老祖宗的光，有好几代亲王都有过命运多舛的经历。结果就是，作为第一家恩封的铁帽子王，他们家到清朝末年时已基本上没有什么地位了。

支系后裔

怡亲王世系	怡贤亲王	胤祥	1722—1730
	怡僖亲王	弘晓	1730—1778
	怡恭亲王	永琅	1779—1799
	怡恪亲王	奕勋	1799—1818
	怡亲王	载坊	1819—1820
	怡亲王	载垣	1825—1861（1861 年革爵）
	怡端亲王	载敦	1864—1890
	怡亲王	溥静	1891—1900（1900 年革爵）
	怡亲王	毓麒	1902 年袭爵，1948 年去世

虽然十三爷胤祥在世时一心一意力保四哥的江山，但他无论如何也不会想到，到自己的下一代，子辈们居然来了个大变脸，深深地卷入了一场皇族斗争中。公元 1739 年，皇族内部居然发生了一桩图谋行刺乾隆皇帝的惊天大案，而事件的主谋，正是康熙朝废太子胤礽的儿子弘皙，另外参与的还有庄亲王允禄以及恒亲王允祺第一子弘升，怡亲王胤祥第一子弘昌、第四子弘晈以及允禄第二子弘普等人。好在宽宏大量的乾隆帝最终只是下令革去允禄亲王双俸及议政大臣等职，革去弘皙亲王，弘升“永远圈禁”，贝勒弘昌、贝子弘普等革爵，宁郡王弘晈仍留王号。

○ 载垣

胤祥支系后来的经历却异常坎坷。自胤祥之后，怡亲王一共承袭了九次，其中竟有两位王爷死于非命。尤其是第六代怡亲王载垣，由于在当时的高层政治斗争中沦为失败者，结果也使整个家族的命运急转直下。

载垣（1816—1861），胤祥五世孙，1825 年袭封怡亲王，道光年间曾任御前大臣，权势日渐显赫。咸丰帝即位后，载垣进一步得到重用，曾历任左中正、宗令、领侍卫大臣等要职。

1860 年，英法联军直逼北京城下。眼看形势不妙，咸丰皇帝携带皇后、皇子载淳及其生母懿贵妃，由载垣、端华、肃顺等一班心腹大臣保护着仓皇逃往热河。10 月，当北京议和成功的消息传到热河后，咸丰皇帝却在载垣等人的鼓动下迟迟不返回北京，直到次年 8 月病死。1861 年 8 月，眼看自己的病情日益严重，咸丰不得不开始安排后事：立皇长子载淳为皇太子；接着任命载垣、端华、肃顺、景寿、穆荫、匡源、杜翰、焦佑瀛等八人为赞襄政务王大臣，也就是所谓的顾命大臣；授予皇后钮祜禄氏“御赏”印章，授予皇子载淳“同道堂”印章（由慈禧掌管），顾命大臣拟旨后要盖“御赏”和“同道堂”印章才能生效。

咸丰驾崩后，年仅六岁的皇太子载淳继位，年号祺祥，尊孝贞皇后为皇太后即母后皇太后，尊懿贵妃为孝钦皇太后即圣母皇太后。虽然载垣等顾命八大臣表面上掌控了朝政，但实际上危机重重。由于留守北京的奕䜣等人被排斥在权力核心之外，因此他们对载垣等人甚为不满。而一心想垂帘听政的慈禧因为遭到八大臣的阻挠，也对这班人怀恨在心。最终，小叔子奕䜣与嫂嫂慈禧结成了联合阵线。11 月，慈禧携年幼的皇帝回到北京，旋即与奕䜣一起成功发动政变，改年号为同治，而顾命八大臣则全军覆灭。作为权力斗争的失败者，曾经风光无限的怡亲王载垣竟落得个被勒令自尽的下场。

○ 溥静

载垣被赐死后，其爵位也从第一等的亲王降至第八等的不入八分辅国公。为防止他们家东山再起，朝廷又下令不准其子孙及亲兄弟子侄承袭。就这样，怡亲王这顶铁帽子一度被闲置了三年之久。直到 1864 年，为了庆祝从太平军手中收复南京，朝廷格外开恩，归还怡亲王家的爵位，并下令由胤祥之子宁郡王弘晈的四世孙，也就是载垣的族弟镇国公载敦（1827—1890）承袭。1890 年载敦死后第二年，其长子溥静承袭爵位。然而不幸的是，仅过了十年，怡亲王家再度沦为政治风波的失败者。

溥静（1849—1900 年），载敦第一子，1868 年被封为不入八分辅国公，1891 年袭怡亲王。

1900 年义和团运动期间，围绕对义和团的态度，大臣们形成了两派势力，最终慈禧太后出于自己的目的选择支持义和团。就在这种政治动荡中，怡亲王溥静一不小心站错了队。本来他是一个行事低调的人，对于朝政很少贸然发表议论。但是眼看连老佛爷都明确表态了，耐不住寂寞的他决定跟风，也希望利用这一良机获得太后的器重。

1900 年 5 月 25 日，慈禧太后以光绪帝名义向各国使馆下战书，企图借用义和团的力量打击洋人。而在朝廷战书的鼓动下，一批又一批义和团迅速从直隶、山东等地涌入北京。溥静一看此情形，天真地以为自己的机会来了。为了在太后面前积极表现，他以亲王之尊向广大义和团民进行诚挚的慰问，并热情地把露宿街头的“大师兄”“二师兄”们纷纷迎进王府，允许他们在府内设坛祭神，并提供免费食宿。在此期间，怡亲王家还演绎了一段有趣的故事。说的是，王府为义和团每天提供北方人最爱吃的面条。虽然这些“师兄”们饭量奇大，每个人都要吃几大海碗，但溥静毫不计较，倒是常常为吃面所需的酱、卤、醋等拌料不够用而烦恼。末了，为鼓舞各位“师兄”的士气，小有聪明的溥静抖了一回机灵。他居然把这种“困难”编成了许多广泛流传的战斗口号，比如：“吃面不搁酱，炮打江民巷（东交民巷）！”“吃面不搁卤，炮打将军府（外国军队指挥部）！”“吃面不搁醋，炮打西什库（西什库教堂）！”等等。

然而好景不长，慈禧太后很快就又变脸了。她不但下令停止进攻使馆和教堂，并派兵予以保护，对于义和团也转而开始镇压。一时之间，曾经受到表扬的主战派陷入了彷徨。而随着八国联军步步紧逼，慈禧太后又将主战的载漪、刚毅、溥静等人当作了替罪羊。7 月中旬，八国联军攻占北京，慈禧携光绪仓皇西逃，而溥静等人则被视为“纵容义和团”的罪魁祸首被抛弃了。八国联军进北京后，首要报复的目标便是那些曾经支持义和团的贵族和大臣，怡亲王府自然成了他们洗劫的重点目标。据溥静的儿媳佟佳氏回忆，侵略者不但把值钱的东西全都抢走了，而且肆意打砸，连窗棂子都砸坏了不少。

这还不算，列强还开列出一个名单，要求清廷答应立即将以下诸人处死：载漪、载勋、溥静、载濂、载滢、载澜、董福祥、刚毅、赵舒翘、英年。经过讨价还价，庄亲王载勋被赐死，载漪被免去一切职务并被发配到新疆伊犁，刚毅病死在山西，溥静虽然保住了性命，但也被革去了怡亲王爵位，并被关入宗人府圈禁。9 月，这位时运不济的铁帽子王在绝望与悔恨中去世，时年五十二岁。据说当年溥静被宗人府圈禁后，深知大势已去，为了保住侄儿毓麒将来能承袭爵位，他先是给慈禧太后上了奏折检讨自己的罪过，然后便绝食而死。

◆ 胤祯

胤祯（1688—1755），初名胤禵，1706 年康熙下令其改名为胤祯，雍正即位后改为允祯。康熙帝第十四子，雍正同母弟。他从小聪明过人，才能出众，因此深受康熙宠爱，从少年时起就经常随父皇出巡。即便在十八岁成婚后，胤祯仍举家住在紫禁城内。或许是由于性格方面的原因，在康熙诸子争夺储位的过程中，胤祯竟然与自己的同胞兄长胤禛形同陌路，反而与胤禛的对手老八胤禩情投意合，甚至舍命对其进行保护。1718 年，胤祯以大将军王的身份率军出征，为平定准噶尔叛乱和保卫西藏立下了汗马功劳，深受康熙帝的信任和重用，当时甚至有传言说康熙已暗中决定立其为继承人。

1722 年 11 月，正当胤祯已完成西征任务准备班师回朝之际，康熙突然驾崩，四阿哥胤禛即位，是为雍正帝。野史一直有传言，说雍正用计修改了康熙的诏书，使得胤祯沦为牺牲品，但此事至今仍众说纷纭。雍正即位后，先是谕令即将赶回京师的胤祯留驻景陵附近的汤泉，并派人监视其行动。1725 年，允祯被革去郡王的爵位，次年被押回北京，囚禁于景山寿皇殿内。直到 1735 年，刚刚即位的乾隆帝才下令释放允祯，1749 年允祯被晋封为多罗恂郡王。

胤祯有四子：

长子，弘春，已革多罗泰郡王，年三十七岁。

次子，弘明，封贝勒，年六十三岁。

三子，弘映，授散秩大臣，年六十五岁

四子，弘暟，授散秩大臣，年五十二岁。

◆ 胤禑

胤禑（1693—1731），康熙帝第十五子，因其母身份低微，幼年时由雍正生母德妃抚养。雍正即位后被封贝勒，后晋愉郡王。

形色天性流行
古今身體髮膚
罔敢弗欽德合
矩度律中元音
渾然道貌不愧
影衾然無顯非
隱無淺非深人
第見氣宇清和
曰式如玉式如
金而不知默與
天通者滿腔子
惻隱之心

康熙之十四子胤祯

胤禑有五子：

长子，未有名，早夭。

二子，未有名，早夭。

三子，弘庆，袭爵多罗愉郡王，年四十二岁。

四子，弘富，三等镇国将军，年五十七岁。

五子，弘绶，幼殇。

◆ 胤礼

胤礼（1697—1738），康熙帝第十七子，即电视剧《甄嬛传》中那位多才多情的果郡王之原型。由于年龄的关系，他没有参与诸兄弟们的皇位之争，而是将全部精力投入到学问与艺

康熙之十七子胤礼骑马像

术中，并喜游历山水，因此颇受雍正、乾隆两代皇帝看重，经常与乾隆唱和诗文，交情颇深。1723 年被封为果郡王，1728 年晋亲王。当他去世时，乾隆帝特命大阿哥永璜穿孝。由于允礼当时无子，乾隆下令以自己的幼弟弘曕为其嗣子袭果亲王爵位。

◆ 胤禧

胤禧（1711—1758），康熙帝第二十一子，字谦斋，号紫琼，别号紫琼崖道人、春浮居士等。作为康熙诸子中较年幼者，胤禧的命运属于颇为平稳顺利的。由于聪慧好学，文武双全，他自幼就受到父皇的宠爱，又因避开了诸位兄长的夺嫡风波而在雍正即位后能安享富贵。1730 年，雍正帝先封其为贝子，不久即晋封贝勒。乾隆帝即位后，不但晋封其为慎郡王，还委以重任。最难得的是，允禧还是爱新觉罗家族史上最杰出的书画家和诗人之一，并因诗书唱和而与乾隆帝关系融洽，著有《花间堂》《紫琼崖诗草》等。尽管贵为王爷，允禧却禀性淳厚，生活俭朴，且能礼贤下士，好学不倦，极具学者气息，特别与当时著名的书画大家郑板桥建立了深厚的情义。据记载，1725 年，与年长自己十八岁的郑板桥结识时，允禧年仅十五岁，但这段忘年之交却持续了终生。由于在诗文书画方面志趣相投，二人后来又曾多次见面。1742 年，在允禧的保荐下，乾隆帝下旨任命郑板桥为县令。在多年的诗文唱和中，身份尊贵的慎郡王与小县令惺惺相惜，共同演绎了一段文坛佳话。

允禧去世后，由于两个儿子弘昴和弘旬均已早逝，乾隆便将自己的第六子永瑢过继给他为孙，封贝勒，后晋封质亲王。

“千古一帝”家事忧

尽管康熙帝一生可谓叱咤风云、英明神武、万民敬仰，号称“千古一帝”，去世后还获得了“圣祖”的尊号。然而在无数风光的背后，他的家庭生活却并不美满，尤其痛心的是几乎贯彻其大半生的皇位继承人问题所导致的“九子夺嫡”风波。而透过这漫长的夺权风波，从一个侧面也折射出爱新觉罗家族内部由来已久的争斗传统。实际上，康熙帝非常重视对诸子的家庭教育，而这些皇子也确实几乎个个学有所成，各有所长。但遗憾的是随着年龄的增长和周围政治环境的变化，相当一部分皇子最终卷入争夺皇位的斗争中。

早在 1675 年，康熙帝就明确将年仅两岁的嫡长子胤礽立为皇太子，试图通过此方式稳固皇族内部。然而事与愿违，由于此前满洲政权向来没有立太子的制度，因此康熙此举只能使太子成为其余皇子们联合对付的目标。再加上身为太子的胤礽恃宠而骄，不善于笼络人心，最终与父皇之间产生了难以调和的矛盾。1708 年，康熙帝以太子胤礽“不法祖德，不遵朕训，唯肆恶虐众，暴戾淫乱”为由将其废黜，结果无意间又引发诸皇子对皇位更强烈的觊觎。当时康熙共有十二位成年皇子，而真正有争夺皇位念头的只有大阿哥胤禔、嫡长子胤礽、三阿哥胤祉、四阿哥胤禛、八阿哥胤禩和十四阿哥胤祯，另外九阿哥、十阿哥与老八同党，十三阿哥力助胤禛，只有五阿哥胤祺、七阿哥胤祐、十二阿哥胤祹置身事外，于是纷乱之中，朝臣中也派系林立，围绕着九位皇子形成五大朋党展开夺嫡之争。

自胤礽被废掉太子之位后，大阿哥胤禔一度蠢蠢欲动，但很快遭到康熙帝的训斥而死心，自知没有希望的他便转而力挺八阿哥胤禩，甚至不惜上奏父皇杀掉胤礽，结果招致康熙帝震怒而被囚禁起来。之后胤礽曾短暂恢复太子之位，但不久又因罪再度被废，此后一直被圈禁到死。胤礽的遭遇沉重打击了三阿哥胤祉，后者从此也主动退出竞争。在此情形下，八阿哥一派转而极力支持十四阿哥胤祯，皇位之争发展到同胞两兄弟较量的局面。1722 年 12 月 20 日，康熙帝驾崩，而此时原本实力并不落下风的胤祯却恰好远在西北平叛。于是根据康熙帝的遗嘱，四阿哥胤禛继承皇位，是为雍正皇帝。对于留存至今的“康熙遗诏”——“雍亲王皇四子胤禛，人品贵重，深肖朕躬，必能克承大统，著继朕登极即皇帝位，即遵典制持服。二十七日释服，布告中外，咸使闻知”，后世一直存有疑问，这也是清朝和爱新觉罗家族历史上一桩最著名的悬案。

胤礼所绘之雍正画像

无论当年的真相如何，结果已无法改变。雍正帝即位后，首先就必须面对如何对待皇族内反对势力的棘手问题。经过一番较量，除了大阿哥、废太子两派已遭到康熙帝的处置外，当年的竞争对手也都难逃劫难，或遭贬斥，或被免职，或遭圈禁，或被开除宗籍，或被改名，总算暂时告一段落。

只是不知康熙大帝倘若泉下有知，目睹此景该作何感想？

雍正帝的多面性情

雍正帝

◆ 生平事迹

雍正帝（1678—1735），爱新觉罗·胤禛，康熙帝第四子，1722年至1735年在位，年号雍正。由于生母乌雅氏身份并不尊贵，因此雍正幼时为佟贵妃抚养。据说他少年时性情反复无常，曾一度为父皇所不喜。为使其克服性情急躁的毛病，康熙帝曾专门教导他要“戒急用忍”。不过随着年龄的增长，雍正逐渐显露出老练和沉稳，因此屡屡被委以重任，并于1698年被封为贝勒。1708年，康熙一怒之下废除胤礽太子之位，而雍正则与大阿哥、八阿哥等截然相反，力保太子复位，这一难能可贵的表现得到康熙的欣赏。次年，康熙恢复胤礽太子的身份，雍正也被封为雍亲王。不过由于胤礽很快又被废掉，众皇子之间再度展开激烈的夺储斗争。与老八、老十四等皇子的高调相比，雍正非常懂得韬光养晦。他表面上摆出与世无争的态势，与诸兄弟维持和气，同时在父皇面前唯以诚孝相示，从而赢得康熙的信赖。而在暗地里，他却拉拢年羹尧和隆科多等实力派，一步步积蓄力量。1722年康熙帝病逝后，雍正如愿被指定为继承人，从而成为大清朝历史上第五位皇帝。

长期以来，对于雍正究竟是如何登上帝位的，无论是史学界还是民间，一直都存有各种说法。真相究竟如何，还有待人们继续探究。不过有一点是肯定的，那就是雍正当年在爱新觉罗家族掀起了很大的内斗风波。即位之初，面对仍拥有相当势力的竞争对手，雍正先是采取安抚政策，不久便对他们进行了无情打击：老八允禩被削宗籍和圈禁，改名为“阿其那”；老九允禟被削宗籍和圈禁，改名为“塞思黑”；老十允䄉被圈禁；老十四允禵被圈禁；老十二允祹被降爵；老三允祉被革爵圈禁。

与对家族骨肉的无情相比，雍正在治国方面的表现却基本得到了后世的一致公认。雍正帝勤于政事，重用汉臣，重视吏治，雷厉风行，对康熙帝晚年官场出现的腐败风气进行了有效整治。他废除贱籍，推行“摊丁入亩”“耗羡归公”“官绅纳粮，一体当差”等经济政策，既减轻了百姓的负担，又增加了财政收入，发展了生产。对外方面，他采取“改土归流”政策，加强对少数民族的统治及同化；通过讨伐罗卜藏丹津，使青海完全归入帝国的版图；还与沙俄签订条约，稳定了中俄边界局势，促进了两国边界地区的经济发展和贸易。虽然在位时间只有十三年，但雍正朝却对康乾盛世的延续具有关键性作用。

雍正戎装像

由于常年高强度的工作，1735 年 8 月，雍正在批阅奏章时暴卒，时年五十八岁。葬于清西陵之泰陵，庙号世宗，谥号“敬天昌运建中表正文武英明宽仁信毅睿圣大孝至诚宪皇帝”。值得一提的是，正是为了避免在爱新觉罗家族内再度出现类似于康熙帝时那样的储位之争，雍正帝在这一敏感问题上进行了重大改革。在即位的第一年，他就公开宣布密建储位法，即将继承人的名字写好，然后置于乾清宫“正大光明”匾后，待他日自己驾崩后再由宣诏大臣共同拆启传位诏书，确立新君。同时又以密旨藏于内府，以备将来核对。显然，这一方法有效避免了因皇子争权而引发激烈斗争。此后，嘉庆和道光两代皇帝都仿效此法，只是到咸丰、同治、光绪帝时因为特殊的原因才没有实行。

◆ 后世评价

《清史稿》：“圣祖政尚系宽仁，世宗以严明继之。论者比于汉之文、景。独孔怀之谊，疑于未笃。然淮南暴伉，有自取之咎，不尽出于文帝之寡恩也。帝研求治道，尤患下吏之疲困。有近臣言州县所入多，宜釐剔。斥之曰：‘尔未为州县，恶知州县之难？’至哉言乎，可谓知政要矣！”

伏尔泰（18 世纪法国启蒙思想家）：“新帝雍正爱法律、重公益，超过父王。帝王之中无人比他更不遗余力地鼓励农事。他对这一于国民生计不可缺少的百艺之首亟为重视。各省农民被所在州、县长官评选为最勤劳、能干、孝悌者，甚至可以封为八品官。农民为官，并不需为此放弃他已卓有成效的农事耕作，转而从事他并不了解的刑名钱谷。”

史景迁（美国著名中国史研究专家）：“雍正的父亲康熙为政宽松，执政末期受储立之争所扰且出现典型长寿帝王的统治能力退化现象，雍正即位之初的清朝实已浮现官僚组织膨大腐败、农民生活水平恶化的危机；由于雍正即位时正处于政治历练、精神与人格上的成熟阶段（四十五岁），因此得以精准地分析问题并有魄力地做出应对。他的改革同时包含力行整顿和与现实的妥协（如火耗归公与养廉银）。”

冯尔康（著名清史专家）：“雍正本人是有作为的、对中国历史发展做出贡献的君主，而雍正朝，上承康熙，下启乾隆之治，使康雍乾三朝持续发展，成为清朝的鼎盛时期。更有甚者，雍正立志清除历史上遗留下来的数百年积弊，所实行的摊丁入亩政策，成功解决中国古代历史上的人口税问题，是巨大创举。所实行的耗羡归公和养廉银政策，具有现代财政预算、财政管理的意义。在古代历史上，唐朝刘晏实行两税法，明朝张居正推行一条鞭法，很得人们的赞誉，雍正的经济政策，比之他们有过之而无不及。统观雍正的历史地位，他应当是古代历史上的杰出帝王。”

雍正朝服像

《雍正行乐图册》（故宫博物院藏）描绘了雍正着各式服装扮演世间的各种角色：他时而身着奇装林间逗猴，时而坐在石上观瀑飞流，时而立于水旁闻涛激荡，时而头戴斗笠与兔共憩，时而身披洋装持叉擒虎，时而倾心练功飞龙在侧，时而手持佛珠洞中打坐。这些图画展现出了一个大家很难想象到的雍正，一个多姿多彩的雍正，展现了雍正帝性格中幽默、轻松的一面。

上图从左页至右页依次为：1. 扮成东方朔的雍正皇帝，在偷桃戏猿。2. 悠闲赏景的雍正帝。3. 身穿西洋文艺复兴后期、新古典时期贵族服装，头戴假发的雍正皇帝正在持叉刺虎。4. 扮成苏东坡的雍正皇帝正在山野题壁。5. 看山看水，舍我其谁的雍正帝。6. 扮成渔夫的雍正帝。7. 扮成道士，降龙伏虎的雍正帝。8. 雍正扮成喇嘛参禅，竟引来毒蛇前来听经。

雍正向往古代文人悠闲的隐士生活，追求“风过林静片云还，物外逍遥意趣开……岂必蓬瀛夸胜迹，悠然清境在人间”，他把自己装扮成一个富贵闲人的形象，他最喜欢在登极之前自称，“朕昔在雍邸，自幸为天下第一闲人……兼之赋性不乐浮华，既无庸皇皇于富贵，更不烦戚戚于贫贱，只期消融机巧，遂觉随处乐天，情之所寄又闲矣，虽然，究其所以优游恬适，得四十余年为一闲人者，莫非我皇考教育深恩，有以成就之也”。

上图从左页至右页依次为：1. 满族贵族装的雍正。2. 汉装常服的雍正。3. 汉族官吏装扮的雍正。4. 在苏州园林赏荷纳凉的雍正。5. 扮成阮籍的雍正皇帝，在竹林中抚琴。6. 扮成苦僧的雍正帝。7. 佛装的雍正皇帝。8. 蒙古装束的雍正。

雍正年轻时在潜邸朗吟阁的画像，乾隆登极后这里被定名为天然图画。

“为君难”印，“为君难”三字正是雍正登极之初的内心写照，即位第三年就曾御书“为君难”匾额于其圆明园勤政殿内，又刻制多方“为君难”印玺，钤于书画起首的地方，作为警惕自勉之语。

“为君难”印文

圆明园勤政殿，雍正在位期间大多数时间都是在这里处理政务。

雍正手执莲花像。雍正信佛，莲是佛教圣花，或许在某种程度上，雍正以莲自喻。雍正一朝大力整饬吏治，雍正要求官员清正廉洁并以缠枝莲喻之。

圆明园秀清村，雍正炼丹之所，后被乾隆定名为别有洞天。

雍正朝服像

圆明园九州清晏，雍正十三年八月二十三日（公元 1735 年 10 月 8 日），雍正皇帝猝死于此。

《雍正观花行乐图》，图中坐在雍正左前方者据考证似为弘历。

雍正帝的儿子们

雍正帝共有十子，其中四子弘历继承帝位，即乾隆帝。

长子，弘晖，幼殇，追封端亲王。

次子，弘昀，幼殇。

三子，弘时，削宗籍。

四子，弘历，乾隆帝。

五子，弘昼，封和恭亲王。

六子，弘瞻，出为果毅亲王允礼嗣，封果恭郡王。

其余诸子弘盼、福惠、福宜、福沛等均早殇。

◆ 弘时

弘时（1704—1727），雍正帝三子，但奇怪的是在1726年时，雍正帝居然命他为死对头老八允禩之子。第二年又因年少放纵、行事不谨慎的罪名被削除宗籍，几个月后竟被赐死。在爱新觉罗家族历史上，弘时可能是命运最悲惨的皇子了。

其实，由于弘时在雍正众多成年的皇子中排行最大，且有子嗣，其生母位份也不低，照理说弘时应该深受父皇器重才对，却为何沦落至此呢？据史家分析，当年弘时曾目睹了父辈们围绕储君之位争得不可开交，而在这一过程中他却对八叔等人抱有好感，因而招致雍正的恼怒。正因如此，当雍正即位后进行秘密建储时，首先就将年纪最长的弘时排除在外，而后者也通过种种迹象打探到父皇已将四弟弘历立为继承人。在此背景下，这对父子之间的关系更加恶化。最终雍正下令将自己的亲生儿子逐出宫中，令其为政敌允禩之子，之后又削除宗籍，并狠心将其赐死。直到乾隆帝即位后，才下令恢复弘时的宗籍。

◆ 弘昼

弘昼（1712—1770），雍正帝五子，1733年被封为和亲王，由于才具平庸，性情怪诞，一生未受重用。按理说，以雍正帝的英明严肃，他的儿子们理应个个出人头地。然而实际上，在长大成人的四位皇子中，除了乾隆堪称人中龙凤之外，其余三位都没有在历史上留下什么印记。结合史书上有关弘昼各种行为的记载来看，这确实是一位荒唐王爷。据说他喜欢给自己办丧事，然后坐在高处欣赏家人及仆役们哀哭，并当场大吃祭品，因而被人视为疯子。关于这一点，有些人认为他其实是为了避免卷入皇位之争而故意为之，并举出其所写的一首诗“世事无常耽金樽，杯杯台郎醉红尘。人生难得一知己，推杯换盏话古今”来证明。乾隆帝即位后，对于这位疯疯癫癫的弟弟也宽容有加，他不但将雍正的财产全部赐给了弘昼，还对其违背常理的行径尽

雍正之五子弘昼画像

量纵容。有一次上朝时，弘昼因事与军机大臣发生争执，竟然当着满朝文武的面殴打对方，乾隆帝尽管目睹了整个过程，却也没有怪罪。还有一次，乾隆帝与弘昼在正大光明殿监考八旗子弟，眼见天色将晚，弘昼让乾隆先回宫吃饭，乾隆不允，不料弘昼竟口无择言地戏问："难道你还担心我受贿徇私吗？"乾隆帝当时默然不答，却丝毫不予怪罪。

弘昼有八子：

长子，永瑛，三岁殇。

次子，永璧，封和硕和勤亲王，年四十七岁。

三子，未有名，早夭。

四子，永瑸，封镇国将军，年六十二岁。

五子，未有名，早夭。

六子，永瑍，封镇国将军，年四十四岁。

七子，永琨，封不入八分辅国公，年六十岁。

八子，永璔，年二十四岁。

弘昼一生糊里糊涂，也没有大的作为，不过其子孙后裔中却涌现出不少杰出人物，例如其五世孙溥良、六世孙毓隆都考中了进士，历任高官。至于其八世孙启功，更是当代最负盛名的书画大师。

弘昼世系	和恭亲王	弘昼	1712—1770
	和勤亲王	永璧	1733—1772
	和谨郡王	绵伦	1752—1774
	和恪郡王	绵循	1758—1817
	贝勒	奕亨	1783—1832
	敏恪贝子	载容	1824—1881
	奉恩镇国公	溥廉	1854—1898
	奉恩镇国公	毓璋	1889—1937
		恒德	1908—?
		启泰	1925—?

◆ 弘瞻

弘瞻（1733—1765），雍正帝六子，也是乾隆帝最年幼的弟弟。1738 年，由于康熙帝十七子果亲王允礼无子承袭，乾隆帝便从庄亲王允禄所奏，下令将弘瞻过继给允礼，袭果郡王。应该说，虽然并非一母所生，但乾隆帝对这位小自己二十三岁的幼弟还是非常喜爱和关照的。还在弘瞻童年时，乾隆帝就特地请来著名诗人沈德潜做他的老师。随着弘瞻年龄增长，乾隆也开

雍正之六子弘瞻画像

始委以重任。然而在承袭了果郡王的爵位后，少年得志加上长期养尊处优，弘瞻暴露出许多毛病。据说他非常贪财，对待下人又非常苛刻，还多次对百姓巧取豪夺。终于在1763年，忍无可忍的乾隆帝接到大臣有关弘瞻种种恶行的举报后，对其进行了严厉处罚：罚银一万两，罢免所有官职，同时由郡王降为贝勒。却不料弘瞻被革职后，竟抑郁不欢而一病不起。据说在其病危时，心急如焚的乾隆帝亲临探视，深受感动的弘瞻在病榻上叩首谢罪，乾隆帝也伤心地失声哭泣。离开果郡王府后，心怀悔意的乾隆当即下令恢复弘瞻郡王的爵位，只可惜弘瞻不久后病故，年仅三十三岁。弘瞻死后，悔恨而悲痛的乾隆专门为他作了诗文，镌刻在其陵寝的石碑上。

果亲王一系非世袭罔替爵位，每次袭封需递降一级，共传袭八代十人。

果亲王世系	果毅亲王	允礼	康熙帝十七子	1712—1770
	果恭郡王	弘瞻	雍正帝六子	1733—1765
	果简郡王	永瑹	弘瞻长子	1752—1789
	贝勒	绵从	永瑹长子	1772—1791
	已革贝勒	绵律	永瑹嗣子	1774—1832
	贝子	绵徇	弘瞻孙，永璨三子	1783—1833
	贝子衔奉恩镇国恪慎公	奕湘	绵从嗣子	1796—1881
	奉恩辅国公	载卓	奕湘三子	1849—1907
	奉恩辅国公	溥阎	载卓长子	1884—1918
	奉恩辅国公	毓铤	溥阎嗣子	1919—?

第三章

和平年代

清代乾隆、嘉庆、道光三朝，共历115年。由于皇权稳定，爱新觉罗家族也进入了一个较为和平的阶段。国家昌盛，子嗣繁多，爱新觉罗家族成员的数量急剧攀升。

清代乾隆、嘉庆、道光三朝，共历115年。从整个清朝历史来看，这一段时间最为安定。除了乾隆朝前期、道光朝后期国家有比较大的战事之外，基本上还可用“和平”来形容，而由于皇权已相对稳定，爱新觉罗家族也进入了一个相对较为和平的阶段。国家昌盛，子嗣数量就相对多一些，这似乎是清代自始至终的一个规律。乾嘉道三朝，除去嘉庆子女数少些之外，乾隆与道光的子女数都很可观，这些因素都造成了爱新觉罗家族成员数量的急剧攀升。

乾隆治下的帝国繁华

乾隆帝

◆ 生平事迹

乾隆帝（1711—1799），爱新觉罗·弘历，雍正帝四子，1735年即帝位，年号乾隆。乾隆皇帝无疑是清朝诸帝中颇为引人注目的一个。他统治清王朝长达六十多年，去世时几近九十高龄；他文学艺术素养颇高，平生喜好作诗，喜好收藏；他是一个十足的“完美主义者”，也是一位很受老天眷顾的人，“十全老人”“古稀天子”“八征耄念”“五福五代堂”，这些称号既见证了他统治的辉煌成就，也见证了他家庭的欣欣向荣。

乾隆出生时，父亲雍正尚未即帝位，但由于其聪慧异常，因而自幼便得到祖父康熙帝的宠爱。甚至有一种说法认为，康熙帝之所以传位给雍正，就是为了能让乾隆在未来接班。1722年，康熙帝病逝，雍正帝登极。即位后不久，雍正即“密建皇储”，将乾隆定为大清王朝的接班人。自此，乾隆不断得到父皇的重用，1733年被封为和硕宝亲王。1735年10月8日，雍正帝逝世。仅十天后，乾隆正式即位，开始了他对这个国家长达六十余年的统治。

即位伊始，乾隆便着手完成父亲在位时未竟之业——平定西南地区的古州台拱叛乱，并在西北与准噶尔息兵言和。政治上，为了缓和各方矛盾，乾隆采取了不少新的政策。他不断强调实政，并重视整饬吏治，严肃处理了一批侵贪案件，对以鄂尔泰、张廷玉为首的满汉两派大臣之间的斗争进行了有效抑制。尤其值得一提的是，乾隆帝上台后，一改其父对待宗室成员的政策，以谦让为首，但关键时刻也毫不手软。1739年，庄亲王允禄、理亲王弘皙等人结党营私案发。为巩固皇权，乾隆帝革掉了允禄的议政大臣、理藩院尚书职，并将弘皙削爵圈禁，从而消除了来自于皇族内部的威胁。

与此同时，乾隆还多次在经济政策上做出调整。他下令减免各种农业税，并大兴水利，使

青年时的乾隆

乾隆戎装像

乾隆射箭图，地点为避暑山庄试马埭。

乾隆皇帝一箭双鹿图

《平安春信图》，图中人为雍正（左）与乾隆。

乾隆帝崇古，在不少宫廷绘画中均有其着古装的场景。

乾隆古装像轴

社会经济出现了繁荣局面，大清朝由此进入了全盛时期。1751 年、1757 年、1762 年、1765 年、1780 年、1784 年，乾隆先后六次南巡，其主要目的是为了了解江南的军事、政治、河务、海防等情况，同时也笼络了江南地区的汉族士绅，但所耗费的财力物力同样惊人，从而给乾隆后期国力衰竭埋下了伏笔。到乾隆朝晚期以后，清政府的贪污腐化日趋严重，社会问题滋生，阶级矛盾重重。1793 年，英国使臣马戛尔尼来华访问，乾隆帝在热河接受了英使团的入觐。在回复英王的信件中，乾隆以天朝皇帝自居，完全不了解世界的发展大势，在中国的社会经济发展已经落后于西方之时，乾隆无法看到对外贸易对本国经济发展的促进，眼中只有“天朝物产丰盈”。但英方使团却看到了一个庞大却又虚弱的中国。

1795 年 9 月 3 日，乾隆在勤政殿宣示建储密旨，立皇十五子永琰为皇太子，即嘉庆帝。次年正月初一，乾隆在紫禁城太和殿举行授受大典，正式将皇位禅让给嘉庆，以兑现自己“在位时间不超过圣祖之六十一年”的诺言，从此退居幕后，颐养天年。不过事实上，成了“太上皇帝”的乾隆仍扮演着“训政”的角色。1799 年正月初三，乾隆在养心殿去世，享年八十九岁，葬于裕陵，庙号“高宗”，谥号“法天隆运至诚先觉体元立极敷文奋武钦明孝慈神圣纯皇帝”。

◆ 后世评价

作为统治中国长达六十余年的一代帝王，乾隆的确建立了不少历史功绩，他也因此自诩为“十全老人”。在文化方面，乾隆曾亲自主持编纂《四库全书》，使这部分为经、史、子、集，基本囊括了当时所有书籍的大型丛书，成为人类文化史上的一座丰碑。他喜好艺术，在位期间收集各类金石书画，从而推动了文化的发展和繁荣。乾隆中期，社会安定，农业、经济发展平稳，到 1795 年时，全国人口数已达到 2.9696 亿。但正所谓“物极必反”，由于封建制度的束缚，加上乾隆帝本人的挥霍，终使清朝走向没落。

《清史稿》:“高宗运际郅隆，励精图治，开疆拓宇，四征不庭，揆文奋武，于斯为盛。享祚之久，同符圣祖，而寿考则逾之。自三代以后，未尝有也。唯耄期倦勤，蔽于权幸，上累日月之明，为之叹息焉。”

曾为清宫西洋画家的法国人王致诚评价乾隆:“不懈地忙于日理万机，这是一个令人景仰的政府，他是天下最伟大的君主，也是帝国中最大的文豪。”

乾隆诸子及其世系

乾隆帝一生共有十七子，其中十五子永琰继承帝位，即嘉庆帝。

长子，永璜，追封定亲王。

次子，永琏，幼殇，册赠皇太子。

三子，永璋，追封循郡王。

《弘历雪景行乐图》，此图为意大利画家郎世宁与当时几位著名的中国宫廷画家合作，描绘乾隆皇帝与众多皇子新年在宫苑赏雪的情景。

清代皇子读书处——圆明园洞天深处

乾隆皇帝穿汉服在狮子林清閟阁内（局部）

乾隆帝曾刻有印章“五福五代堂古稀天子宝”，而“五福五代堂”位于圆明园福海东岸天然图画景区内。

乾隆朝服像（青年时期）

乾隆朝服像（中年时期）

太上皇帝之宝。碧玉质，交龙纽，满汉文篆书，四周刻乾隆皇帝《自题太上皇帝之宝》御制诗，盛于雕云龙纹紫檀匣中。这方“太上皇帝之宝”是清宫帝后宝玺中最大的一方，体现了太上皇帝权力的至高无上。

乾隆朝服像（老年时期）

晚年的乾隆

乾隆帝十公主——固伦和孝公主像。她是乾隆帝最小的公主，也是乾隆最宠爱的公主，后来下嫁和珅之子丰绅殷德。

四子，永珹，封履端亲王。

五子，永琪，封荣亲王。

六子，永瑢，出继为慎靖郡王允禧子，封贝勒，后进封质亲王。

七子，永琮，早夭，追封哲亲王。

八子，永璇，封仪亲王。

九子，未命名，幼殇，未封。

十子，未命名，幼殇，未封。

十一子，永瑆，封成亲王。

十二子，永璂，追封多罗贝勒。

十三子，永璟，幼殇，未封。

十四子，永璐，幼殇，未封。

十五子，永琰，后改名颙琰，即嘉庆帝。

十六子，未命名，幼殇，未封。

十七子，永璘，封庆亲王。

◆ 永璜

永璜(1728—1750),作为皇长子,永璜本当有较高的地位,但1748年乾隆南巡归来至德州时,其结发之妻孝贤皇后富察氏崩，永璜以大阿哥身份迎丧。结果乾隆认为永璜毫无哀情，遂对他大为斥责，并暗示其立储资格也被取消。从此永璜郁郁寡欢，二十二岁时便去世了。其实当初迎丧，永璜年纪尚轻，况且去世者并非自己生母，故没有达到乾隆帝要求的“哀情”，也是情有可原的。乾隆帝对此也很后悔,可惜为时已晚。永璜死后被追封为定亲王,有子二人:长子绵德、次子绵恩。

◆ 永璋

永璋（1735—1760），乾隆帝三子。永璋一生事迹不多，唯一值得一提的就是，1747年孝贤皇后去世时，他同大阿哥永璜一样被乾隆训斥“不够哀伤”，并因此失去了皇位的继承资格。二十六岁时去世，被追封为循郡王。

永璋仅有一子，但不幸早夭，后以永瑆之子绵懿为嗣子，绵懿去世后被追封为贝勒。绵懿有三子，长子奕绪、次子奕经、三子奕纪。其中奕经（1791—1853）是近代史上的一位知名人物。他由四品宗室赏头等侍卫，后又先后出任内阁学士，正白旗蒙古、满洲副都统，兵部右侍郎，崇文门副监督等职。1830年与长龄共赴新疆镇压回民起义，后又曾任黑龙江将军、盛京将军、吏部尚书、正黄旗满洲都统等职。1841年，英国水师进扰浙江，陷定海、镇海及宁波，奕经奉命担任扬威将军，督师进剿，但因屡攻不克，劳师糜饷，而遭圈禁之惩。

◆ 永珹

永珹（1739—1777），乾隆帝四子，1763年出继给康熙帝第十二子和硕履亲王允祹为孙，并降袭为履郡王，后被追赠为履亲王。平生善于作诗，留有《寄畅斋诗稿》。共有六子，由长子绵惠袭其爵，其余五子均未命名便早夭。

◆ 永琪

永琪（1741—1766），乾隆帝五子，字筠亭。永琪自幼聪慧好学，工于书画，深得其父乾隆帝的喜爱。据说他擅长骑射，满语、汉语、蒙古语均非常娴熟，还精通天文历法，著有《蕉桐牍稿》一书。1763年5月，圆明园九州清晏发生火灾，身为皇子的永琪迅即进入火场，并将乾隆帝亲自背出火中。这件事让乾隆帝感到十分欣慰，永琪的地位也大大提升。1765年11月，二十四岁的永琪被封为和硕荣亲王。永琪虽是乾隆第五子，但在当时，乾隆的前三子已经去世，而第四子永珹也过继给了履亲王，因此永琪的身份其实就意味着是“皇长子”，被视为将来的皇位继承人。不幸的是，在受封荣亲王仅三个多月后，永琪便因病去世，年仅二十六岁。

永琪共有六子，只有第五子绵亿活了下来。绵亿（1764—1815），字镜轩、号南韵斋，1784年被封为贝勒，嘉庆帝即位后晋荣郡王，任领侍卫内大臣、镶黄旗汉军都统等职。1813年天理教首领林清等发动起义，一路攻进了紫禁城。绵亿当时正伴驾嘉庆帝于热河，闻宫中有事，立即力劝嘉庆帝回銮，因此颇受器重。

◆ 永瑢

永瑢（1743—1790），乾隆帝六子，号“九思主人”，又号“西园主人”。1759年奉命过继给康熙帝第二十一子慎郡王允禧，被封为贝勒，1789年晋为质亲王。永瑢在艺术上的造诣也相当高，可谓诗书画样样精通，著有诗集《九思堂诗钞》，绘有《枫溪

乾隆帝六子永瑢自画像

垂钓图》《平安如意图》《严阿清溪图》等。永瑢共有六子，长子绵聪、次子绵爱、三子绵慈、四子绵信、五子绵庆、六子绵意。

◆ 永璇

永璇（1746—1832），乾隆帝八子，1779 年封仪郡王，1799 年晋仪亲王，曾总理吏部之事，但很快被罢免。1808 年，因年事已高，嘉庆帝特谕不必入内。永璇虽为乾隆诸子中寿命最长者，其子孙数量并不多。共二子：长子绵志、次子绵懋。

◆ 永瑆

永瑆（1752—1823），乾隆帝十一子，初号镜泉，一号幼庵，别号诒晋斋主人。1784 年曾侍驾乾隆南巡，1789 年晋封为和硕成亲王，1799 年授军机大臣，开亲王领军机之先河。永瑆自幼工书，深得其父乾隆帝的喜爱，堪称爱新觉罗皇族中的书法大家，与刘墉、翁方纲、铁保并称为清中期四大书家。永瑆共有七子，其中长子绵懃继承爵位。

◆ 永璂

永璂（1752—1776），乾隆帝十二子，自幼因受生母失宠的牵连而不为父皇所重，擅诗文，著有《日课诗稿》，1799 年被追封为多罗贝勒。无子，以永瑆四子绵偲为嗣。

◆ 永璘

永璘（1766—1820），乾隆帝十七子，1789 年被封为贝勒。1799 年封惠郡王，后又改封庆郡王。两个月后，和珅被诛，其宅邸被赐予永璘。1820 年病危之时被晋为庆亲王。据说永璘因平生最喜四处游荡，惹是生非，因而招致乾隆帝的厌恶。

永璘共六子，长子绵恒，二子、四子均早殇。三子绵慜袭庆郡王爵；五子绵悌无子，以其弟绵性长子奕劻为嗣；六子绵性，历任正红旗汉军副都统、镶红旗护军统领等职，有子四人：长子奕劻、次子奕勋、三子奕功、四子奕励。

支系后裔

庆亲王世系	庆僖亲王	永璘	1820 年晋亲王
	庆良郡王	绵慜	1820—1836
	已革庆郡王	奕彩	1836—1842
	追封庆亲王	绵悌	1852 年被追封
	庆密亲王	奕劻	1894 年晋庆亲王，1908 年准世袭罔替
	庆贞亲王	载振	1917—1947

○ 奕功（1853—1900）

永璘六子绵性之三子，历任奉宸苑卿，至御前侍卫。1900年八国联军攻入北京时，因未能随慈禧、光绪西逃，遂引火自焚，事迹被载入《清史稿》。

○ 奕劻

在永璘的后裔中，最著名的当属清末权臣庆亲王奕劻了。奕劻（1836—1849），本为永璘之六子绵性的长子，1849年奉旨过继给绵悌为嗣，1850年袭辅国将军，1852年赏固山贝子，1860年又赏贝勒。奕劻为人巧于阿谀，善于逢迎，这使得他深得咸丰皇帝的喜爱。

同治帝即位后，垂帘听政的慈禧太后对奕劻更加信任。1868年，奕劻被授内大臣，1872年授御前大臣，并且加郡王衔。随着清政府的日益衰落，奕劻的位子反倒是越坐越高。1884年奕劻出任总理衙门大臣，并正式被晋封为庆郡王，此后更是平步青云，深受朝廷信赖。至1894年，竟被晋封为庆亲王。

1900年，八国联军攻入北京，慈禧偕光绪西逃，临行前特授意奕劻为全权大臣。奕劻留京，与李鸿章共同与外国入侵者商讨议和一事，签订《辛丑条约》。1903年，慈禧太后的宠臣荣禄病逝，奕劻入军机处任领班军机大臣，后又管理财政处、练兵处事务，此时的奕劻，可谓权倾朝野，集内外大权于一身。

奕劻为人十分贪鄙，他曾与其子载振、大臣那桐卖官鬻爵。据说当年直隶候补道员段芝贵曾以10万金为其祝寿，奕劻欣然接受。他还在汇丰银行存有120万两的巨款，可见其贪腐之恶劣。奕劻任军机大臣时，袁世凯曾重金贿赂他。拿了袁世凯钱的奕劻，当然要助袁世凯一臂之力。可以说，袁氏在朝中力量逐渐增强，与奕劻不无关系。1908年，朝廷下令庆亲王一爵世袭罔替，奕劻由远支宗室一跃成为铁帽子王。1911年，清廷撤军机处，成立“皇族内阁”，奕劻任总理大臣，但此时的清政府已经是奄奄一息。武昌起义爆发后，奕劻竭力主张起用被罢黜的袁世凯，而自己在新内阁中改任弼德院总裁。1912年2月12日，清帝退位后，奕劻携家眷躲避至天津的德国租界，六年后去世。由于爱新觉罗皇族中很多人将其视为断送大清王朝的罪魁祸首，因此末代皇帝溥仪一度拒绝赠其谥号，后经多方劝说，才不情愿地赐其“密”的谥，“密”为追补前过之义，属贬义。

奕劻有六子：

长子，载振，袭庆亲王爵（事迹见第五章）。有三子：长子溥钟，次子溥锐，三子溥铨。

次子，镇国将军载搏。

三子，载授，早夭。

四子，未命名，早夭。

五子，载抡，头品顶戴。

六子，载摺，早夭。

清末权臣——奕劻照。慈禧在咸丰朝与其弟桂祥通信时，常由奕劻代笔。奕劻字写得不错，由此深得慈禧信任。

奕劻与长子载振

1908 年，清廷派唐绍仪访美，庆亲王奕劻次子载抪同行。图为载抪（中坐者）与随从在美国留影。

嘉庆时的王朝转折

嘉庆帝

◆ 生平事迹

嘉庆帝（1760—1820），爱新觉罗·永琰，乾隆帝十五子，1799年即位，年号嘉庆。1773年，嘉庆被乾隆帝密建皇储立为太子。而实际上在此之前，乾隆帝曾先后立过皇次子永琏、皇七子永琮为皇太子，可惜那两位皇子均早殇。1789年，永琰被封为和硕嘉亲王，1795年正式宣布为皇太子。登极前，永琰改自己名为“颙琰”，用这种新的方式来解决皇族成员名字的避讳问题。1796年农历正月初一，乾隆帝举行禅位大典，永琰正式即位，年号嘉庆。但此时的朝政实际依旧被太上皇乾隆帝牢牢掌控，嘉庆则更多地扮演了“儿皇帝”“见习皇帝”的角色，这种局面一直延续到1799年乾隆帝去世。

乾隆帝去世后，嘉庆开始亲政。一个月之后，他便诛杀了权臣和珅，罢黜、囚禁了和珅的亲信与死党。他禁止地方官员们“进呈宝物”，强调去奢崇朴；要求全国官员们据实奏报，力戒欺隐之风；用人上力图“德才兼备”。其即位伊始的新政虽然有些效果，但难以从根本上扭转清朝政局的颓败。嘉庆时期，在内政上基本遵循了“安民制乱”的主旨，1805年平息白莲教起义。而1803年发生的陈德行刺事件和1813年的林清天理教事件，就连身居皇宫中的嘉庆本人都遭遇凶险，从一个侧面也反映了王朝的动荡。

1820年，嘉庆帝在去避暑山庄的路上突感不适，到达山庄后便很快病逝，享年六十一岁，葬于昌陵，谥号“受天兴运敷化绥猷崇文经武孝恭勤俭端敏英哲睿皇帝”。

◆ 后世评价

如果用两个字来形容嘉庆，恐怕只能是“平庸”了。嘉庆帝从父亲乾隆帝那里接过了大清王朝的江山，也算兢兢业业，很难说他不是一位负责任、用心的皇帝。但必须看到，在当时，世界的发展早已将清王朝甩在了西方诸国的后边，清朝自身的内部矛盾则更成了加速王朝覆灭的助推器。从乾隆末期就开始的衰落，在嘉庆朝愈演愈烈。

纵观嘉庆一朝，应该承认，嘉庆帝对于乾隆后期出现的中衰之势头，在思想上有比较清醒的认识，他带头崇尚节俭，整饬吏治，体恤民间疾苦，为民着想。他也注意到了外部世界的变化，并意识到了禁烟的重要性。但是，当时社会的矛盾早已是积重难返，吏治败坏、经济衰退，而人口却不断增长，这无疑都给当时的社会带来了严重的威胁。清王朝发展至嘉庆朝，其内部腐朽之程度已是非常严重。

《清史稿》:“仁宗初逢训政，恭谨无违。追躬莅万几，锄奸登善。削平逋寇，捕治海盗，力握要枢，崇俭勤事，辟地移民，皆为治之大原也。诏令数下，谆切求言；而吁咈之风，未遽睹焉，是可嘅已。”

费正清:“嘉庆帝认为，掐断了和珅的庇护制网络结构的花朵，它的根株便会自然枯萎。但是，上层行政的改革不能医治19世纪官僚制度中根深蒂固的弊病。”

《弘历妃及颙琰孩提像》，高323厘米，宽184厘米，原藏于圆明园长春园思永斋，现藏于故宫博物院。正面贴有黄条“今上御容，嘉庆二十年十二月初一日敬识”。图中右侧孩童即为嘉庆帝，左侧可能是其生母令贵妃魏佳氏，即孝仪纯皇后，此画具有鲜明的欧洲油画特征，当为郎世宁所绘。

嘉庆朝服像

嘉庆诸子及其世系

在清代中前期的皇帝中，嘉庆帝的子女算是最少的。嘉庆帝共有五子，诸子均用“绵”字为第一字，而第二字则用“忄”作为偏旁部首。

长子，未命名，幼殇，追封穆郡王。

次子，绵（旻）宁，即道光帝。

三子，绵恺，封惇亲王。

四子，绵忻，封瑞亲王。

五子，绵愉，封惠亲王。

◆ 绵恺

绵恺（1795—1838），嘉庆帝三子。1813年，天理教林清起义，攻入紫禁城，时绵恺同绵（旻）宁在苍震门力捕起义军并因此受到父皇的褒奖，1819年被封为惇郡王。道光即帝位后，封绵恺为惇亲王。1838年，有民妇穆氏诉其夫穆齐贤被绵恺所私囚，绵恺因此又被降为郡王，并被罢免一切官职，同年去世。

绵恺有一子奕缵，初封不入八分辅国公，年幼过世，追封贝勒。之后由道光帝五子奕誴入嗣。

◆ 绵忻

绵忻（1805—1828），嘉庆帝四子，1819年被封为和硕瑞亲王，一年后开始管理武英殿御书处事务。嘉庆帝的前三个儿子均是在乾隆时期出生，绵忻则是其登极后所出生的第一个儿子，所以嘉庆帝自然欣喜万分。一向不喜群臣呈递如意的嘉庆帝，在当时也破例接受了群臣敬献的如意。而嘉庆帝对绵忻也是宠爱有加，据推测，当年嘉庆甚至曾有过以绵忻为储的打算。1799年，嘉庆帝在密诏中定十八岁的次子绵（旻）宁为储君，但到1819年时，一来绵宁天分平庸，毫无帝王之相；二来绵忻聪明颖悟且具有才干；三来绵忻的生母是现任皇后钮祜禄氏，因此形势对绵忻极其有利。就在这一年，绵忻被封为亲王，但比其年长十岁的皇三子绵恺却仅被封为郡王。不过由于第二年嘉庆帝便驾崩了，因此储君更换一事最终没有发生，绵（旻）宁在绵忻生母皇后钮祜禄氏的支持下顺利继承帝位。而绵忻于1828年去世，时年仅二十四岁。

绵忻仅有一子，名奕志，1827年生，一岁时就承袭了瑞郡王一爵，1833年奉旨在内廷行走，两年后又赏戴三眼花翎，1850年去世。因奕志无子，遂过继道光帝五子奕誴的长子载漪为嗣。

◆ 绵愉

绵愉（1814—1864），嘉庆帝五子。1820年被封为惠郡王，1828年奉旨内廷行走，上书房

嘉庆读书像

读书，后又被赐食全俸，并曾管理武英殿御书处，担任镶蓝旗蒙古都统等职务。道光十九年晋封为和硕惠亲王，后又曾任正白旗满洲都统、总谙达。咸丰帝登极后，对自己的这位叔叔礼遇甚隆，召对宴赉时免其叩拜，章奏也可免具名。1853 年，太平军北伐逼近京畿，绵愉被任命为奉命大将军，统率健锐、火器、前锋、护军、巡捕诸营以及各路的蒙古兵，并与科尔沁郡王僧格林沁共同督办防剿，因绵愉不谙军事，故留在了京师，督僧格林沁、胜保等迎战。一年后，咸丰帝命绵愉除朝会大典外一律免去叩拜。1864 年去世，终年五十岁。

绵愉共有六子，长子、次子均未命名即早殇；三子名奕诚，早殇；四子奕询，封不入八分辅国公，1871 年去世，无子，以康熙帝十五子允禑的五世孙载泽为嗣子；五子奕详，初封不入八分辅国公，后袭惠郡王，1872 年赏加亲王衔，曾担任镶红旗汉军都统、镶白旗总族长等职位，有子载润、载济；六子奕谟，初封不入八分辅国公，后晋镇国公、贝子，1889 年加贝勒衔。

节俭持国的道光帝

道光帝

◆ 生平事迹

道光帝（1782—1850），爱新觉罗·绵（旻）宁，嘉庆帝次子。1799 年，嘉庆帝在秘密立储匣内写下绵宁之名，将其立为皇太子。1813 年，在天理教攻入大内事件中表现出色，用鸟枪击毙两贼，为此嘉庆帝特封他为和硕智亲王。1820 年即位，改自己的名字为“旻宁”，是为道光皇帝。

与其父、祖一样，道光帝即位伊始便整顿吏治，加强廉政建设。他以身作则，立倡节俭，自己的衣服都要打上几次补丁反复穿。道光帝曾下令：凡是民间婚丧嫁娶，军兵操演服饰，均不得浮华。他还曾颁诏暂停或削减各地向朝廷进奉的各类贡物。应该说，这些举措还是取得了一定效果。

道光帝登极不久，由英国和浩罕汗国所扶持的新疆分裂主义势力张格尔集团就发生了叛乱。对此，道光帝不断调兵遣将，派军镇压。1828 年，匪首张格尔终于被抓获，被押至午门行献俘礼。道光帝亲临午门受俘，并将张格尔处以极刑。道光中期，农民起义不断。这些起义虽然规模都不大，但此起彼伏，由此也可看出当时社会矛盾愈加激化。

禁烟和鸦片战争，是道光朝最重要的两件国家大事。1838 年，鸿胪寺卿黄爵滋疏陈鸦片之害，道光帝钦命林则徐赴广东虎门禁烟。林则徐虎门销烟后，英国政府以此为借口，派出远征军侵华。1840 年，鸦片战争开始。战争的前期，中国军民奋起抵抗，但由于清政府的腐朽与没落，面对英国侵略者的坚船利炮，鸦片战争以中国的失败而告终，而道光帝对于战争的失败是负有一定责任的。1842 年，中英两国签订《南京条约》，这也是近代中国第一个不平等条约。战后，道光帝并没有采取相应的举措振兴王朝局面，而是苟安姑息、得过且过。

道光帝在位三十年，是清朝各帝中仅次于康熙、乾隆、光绪而在位第四长的皇帝。他兢兢业业、勤于政事，但实在是缺乏雄才大略，难以应对清王朝江河日下的局面。

◆ 后世评价

道光帝登极时，面对的是一个已经腐朽不堪的清王朝，尽管他本人厉行节俭，勤于政务，整饬吏治，为挽救清王朝做了不少努力，但与其父嘉庆帝一样，自身的平庸决定了他没有能力来挽救如此庞大的一个帝国。

道光朝服像

右页上图 《道光帝行乐图》。此图为宫廷画师所绘，描绘的是道光皇帝与众皇子、公主欢聚行乐的情景，场景当为圆明园。画中的道光皇帝手持鼻烟壶，坐于“澄心正性”亭中，慈祥地注视着自己的孩子玩耍。而“芳润轩”亭中坐着的皇四子奕詝则是后来的咸丰皇帝，皇六子奕䜣则是后来精于洋务的恭亲王，他们当时正在父亲的注视下读书。正在放风筝的皇七子奕譞、皇八子奕詥、皇九子奕譓尚还年幼，其中皇七子奕譞正是后来宣统皇帝溥仪的爷爷。而画中的两位公主，一为寿安固伦公主，道光皇帝的第四女，一为寿恩固伦公主，道光帝的第六女。

右页下图 《道光帝喜溢秋庭图》。画面上方题“喜溢秋庭”，钤“道光之宝”“慎德堂宝”朱文印。厅中安坐者为道光帝及其皇后，石阶上玩耍的是一皇子和公主。园中牵手的母子应是一妃与一皇子，旁边站立一宫女。画面右侧还有一妃。此画采用西洋透视法，但却按照人物等级身份来绘制人物大小。

左图 道光便装像，图右有“情殷鉴古”四字。

慎德堂寶
芳潤軒
澂心正性

慎德堂寶
喜溢秋庭

《绮春园射柳图》，此画卷高 70 厘米，长 621.5 厘米，设色绢本。描绘的是道光皇帝在圆明园三园之一绮春园射柳的场面，道光皇帝不但文才出众，骑射也非常娴熟。本画就是他在射柳比赛中连中六箭，遂请宫廷画家绘制此图记录下来，而道光本人更是对此画爱不释手，四年内三次题诗其上。此作品原为圆明园旧藏，后被八国联军掠去，2002 年在法国拍卖时被国内买家购回。

道光八年（1828 年）八月七日，道光皇帝在圆明园正大光明殿赐宴凯旋将士。

《圆明园四十景图》中之正大光明殿

《清史稿》：宣宗恭俭之德，宽仁之量，守成之令辟也。远人贸易，构衅兴戎。其视前代戎狄之患，盖不侔矣。当事大臣先之以操切，继之以畏葸，遂遗宵旰之忧。所谓有君而无臣，能将顺而不能匡救。国步之濒，肇端于此。呜呼，悕矣！

费正清：他（道光帝）看来是一位谨慎小心的，甚至是胆小的统治者，宁可与几个心腹顾问进行密议，而不愿接受实际的批评或警告。

道光诸子及其世系

道光帝共九子，均用“奕”作为辈分。

长子，奕纬，隐志郡王。

次子，奕纲，早殇，追封顺和郡王。

三子，奕继，早殇，追封慧质郡王。

四子，奕詝，即咸丰帝。

五子，奕誴，过继给惇恪亲王绵恺，为惇勤亲王。

六子，奕䜣，恭忠亲王。

七子，奕譞，醇贤亲王。

八子，奕詥，钟端郡王。

九子，奕譓，孚敬郡王。

◆ 奕纬

奕纬（1808—1831），道光帝长子，1819年即被祖父嘉庆帝封为多罗贝勒。然而由于母亲身份卑微，奕纬虽然很早就受封，但实际上并没有得到其父道光帝的宠爱。甚至在道光帝即位后，他的爵位依然只是多罗贝勒。1829年，皇次子奕纲和皇三子奕继相继夭折后，成了独苗的奕纬突然受到了父皇的重视。为了将其培养为将来的继承人，道光帝开始关心奕纬。但是由于奕纬此前无人管教，过惯了放荡不羁的生活，结果父皇的关心包括严厉的教导反倒成了他的负担，从而为其后来的悲剧埋下了导火索。

据记载，有一次奕纬在上书房学不下去，心神不宁，他的老师就对他语重心长地说：“阿哥好好读书，将来好当皇上。”没承想奕纬却马上回了句：“等我当了皇上，第一个把你杀了。”惊恐万分的老师便将此话报告给道光帝。道光帝听后立即火冒三丈，将奕纬叫到跟前连训带踹，结果一脚踢到了奕纬的下身。奕纬医治无效，没过几天就去世了，年仅二十三岁。道光帝虽然追悔万分，却也为时已晚。后来咸丰帝即位后，才追封了奕纬一个隐志郡王的爵位。

支系后裔

奕纬死时没有子嗣。1854 年，咸丰帝下令将乾隆帝十一子永瑆二子绵懿的三子奕纪的五子载治（1835—1880）过继给奕纬，后赏加郡王衔。

载治有子五人，长子溥健、次子溥偕、三子溥侃均早殇；而四子溥伦和五子溥侗（事迹见第六章）则是近代史上赫赫有名的人物。

○ 溥伦

溥伦（1874—1926），1881 年袭贝子，1894 年加贝勒衔，曾担任镶黄旗满洲副都统、正白旗满洲都统、宗人府左宗人等职。溥伦人生中最出彩的应当就是代表大清朝参加美国圣路易斯世博会了。1902 年，美国派专使来中国宣传世博会并向清政府发出了参展邀请。经过众位大臣的商议，慈禧太后最终任命溥伦为清政府世博会参展团的正监督。世博会需要建一个“中国村”，设计师希望建造一个紫禁城局部的模型。溥伦灵机一动，决定将自己府邸客厅和卧室的布置做原样复制，在世博会中展出。1904 年，世博会在美国正式举行，溥伦抵达美国之后，受到了美国总统的接见，他在当地华人圈中更是极受欢迎。世博会中，“中国村”成了来访者

原图名为“溥伦贝子同妃殿下并王子”。图中左一应为溥伦次子毓崠，左二为溥伦四子毓崇，左三为溥伦继夫人瓜尔佳氏，右一为溥伦长子毓嶟。

溥伦参加1904年圣路易斯世博会时，在旧金山很受当地华人欢迎。当地华人报纸《中西日报》还刊登了溥伦贝子的照片，结果该报纸当天就被一抢而光。第二天，该报纸为了满足那些没有得到溥伦贝子“玉照”而感到遗憾的读者的需求，特地加印了溥伦贝子的照片随报附送。毫不夸张地说，溥伦在旧金山，俨然成了“明星”一般的人物。

中国村里溥伦贝子府的客厅和卧室十分引人注目，它使西方人第一次见到了清朝皇室成员的居室，而那些精美的器物与完美的整体布局也给西方人留下极深的印象。

右图为时任农工商大臣的溥伦。下图为1904年圣路易斯世博会上的溥伦。

溥伦率团出席 1904 年美国圣路易斯世博会时所摄照片

关注的焦点，而中国各商会带去的瓷器、茶叶、地毯等更是销售一空。除了参加世博会，溥伦还游历了华盛顿、纽约、芝加哥等美国大都市，考察了美国的宪政，对美国的教育制度大加赞赏。可以说，这次美国之行，让溥伦认识了中国社会与西方社会的差距，同时也让西方人感受到了在中国实行民主的希望。这次考察也间接推动了1905年的“五大臣留洋”行动。回国以后，溥伦又曾参与筹备资政院，并在宣统年间担任“皇族内阁”的农工商大臣。辛亥革命爆发后，溥伦赞同清帝逊位。民国初年，溥伦转而支持袁世凯，洪宪复辟时曾担任参政院院长。

◆ 奕誴

奕誴（1831—1889），道光帝五子，仅比咸丰帝奕詝小六天，据说这是因为奕詝的母亲在怀孕时用了催产药的缘故，究竟是否属实不得而知。不过后来奕詝果然被立为继承人，只可惜从小就身体不好，终至三十一岁便去世，不知是否因其母当年用药的缘故。1846年，奕誴奉旨过继给嘉庆帝三子绵恺为嗣，袭爵多罗惇郡王，1860年晋封亲王，1879年赏食亲王双俸。曾担任正蓝旗总族长、镶黄旗汉军都统、总理行营事务大臣、上书房总谙达、宗人府宗令、玉牒馆总裁等职。

史载，奕誴因禀性粗荒，不太讨父亲道光帝的喜爱。也正因如此，他被过继给了叔叔绵恺，而他后来的政治地位也远远不及六弟奕䜣和七弟奕譞。不过这位王爷在民间的口碑却很不错，因为他平易近人，对外从来不摆王爷架子。据说他能一个人到正阳楼吃烤羊肉，也能跟轿班轿夫一块儿喝酒，能与不相识的人聊得很热闹。由于性情直率，奕誴常常敢于直言进谏，所以虽然在朝中不受重用，但有时候就连慈禧太后也不敢得罪他。有一次奕誴向慈禧敬献黄花鱼，而敬事房太监有所需索，奕誴便在慈禧召见时亲自端了一盘子鱼。慈禧问是怎么回事，奕誴答道：“敬事房的太监要红包，不给不让送进来，臣没钱，只好自己端进来。”慈禧听后大怒，处罚了敬事房太监。

支系后裔

奕誴虽然一生郁郁不得志，但却子孙繁茂，堪称清末王公中的另类。其共有八子：长子载濂、次子载漪、三子载澜、四子载瀛、五子载津、六子载泩、七子载澎、八子载灏，其中比较著名的为载濂、载漪、载澜、载瀛四人。

● 载濂

载濂（1854—1917），1862年被晋封为二等镇国将军，1889年袭贝勒，赏加郡王衔。曾先后担任前引大臣、正蓝旗总族长、镶红旗汉军都统、领侍卫内大臣等职。1900年，载濂的弟弟载漪因纵容义和团而被革爵，载濂同样受到了牵连。

● 载漪

载漪（1856—1922），1860年奉旨过继给嘉庆帝四子瑞亲王绵忻之子奕志为嗣，承袭多罗

载漪（中坐者）与总理衙门的官员合影，约摄于 1899 年。庚子之变中，端王载漪被革职为民发配新疆，总算免遭一死。被发配的途中，改道到阿拉善旗定远营（今内蒙古阿拉善旗盟）多罗特色楞王府投亲。宣统二年（1910 年），旗王多罗特色楞病逝，载漪在旗王府无法待下去了，在河西走廊的甘州（今张掖）住了十年。在甘州，根据国民政府颁布的《关于清皇族待遇之条件》的规定，当地政府每月发给载漪白银 98.4 两。载漪后来又到了宁夏，每年由宁夏县、宁朔县、平罗县各出 500 两银子（共计 1500 两）供端王生活费用。而民国政府每月发给载漪 98.4 两白银的待遇不变。

贝勒爵，1889年加郡王衔，1894年又正式晋封为郡王。载漪过继给的是瑞亲王绵忻的儿子奕志，所以袭的爵位也理所应当是“瑞”王，但因在晋封时述旨有误，将“瑞”写作了“端”，于是载漪就误打误撞成了“端郡王”。载漪曾担任镶红旗族长、正白旗领侍卫内大臣、镶蓝旗满洲都统、军机大臣等职。

不过他人生中最风光之时，应当就是自己的儿子溥儁被立为“大阿哥”的那一段时间了。溥儁是载漪的次子，1899年被慈禧太后立为大阿哥。慈禧本来计划在1900年举行光绪帝禅位典礼，届时溥儁登极，将改年号为“保庆”。但这一举动却遭到了各国公使的反对，慈禧不得不暂停此事，而载漪则因此对列强怀恨在心。

义和团运动爆发后，野心勃勃的载漪试图利用义和团排外，力主慈禧对外宣战。在得到了慈禧的肯定后，载漪更是加强了对义和团的信任，就连其本人都在府中设起了神坛，朝夕必拜。1900年5月，载漪出任总理各国事务大臣，并鼓动慈禧招抚义和团，对列强宣战。8月，八国联军自天津进逼北京，慈禧偕光绪帝西逃，载漪与溥儁一同前往，其间曾被授以军机大臣之职，但很快便被罢免。12月，清政府与列强达成协议，载漪被指为“祸首”，最终被慈禧下令革爵并流放新疆。1901年，慈禧回銮途中，以载漪纵容义和团而获罪，废掉溥儁“大阿哥”名号，令其归宗。而载漪也被迫回归本支，其奕志嗣子的地位由奕譞六子载洵所取代。直到1917年张勋复辟时，载漪才重获自由，1922年去世。

○ 溥儁（1885—1942），本是端郡王载漪次子，其母为慈禧之弟桂祥的女儿。1899年，为了废掉光绪，慈禧太后对外宣称其身患重病，并将这一消息告知各国使馆，以便为下一步行动营造声势。却不料各国使馆对光绪患病之说并不相信，英法等国公使甚至推荐西医，试图进宫为光绪诊治，看其是否真如慈禧所言患有重病。面对列强的压力，慈禧暂时未敢对光绪下手，转而决定从宗室中挑选合适的人选作为储君，再伺机替代光绪。经过多番考虑，最终选定端郡王载漪之子、时年仅十四岁的溥儁。按理说，即便慈禧非要找人替代光绪，也应该从近支宗室中挑选年轻有为者。在这方面，恭亲王奕䜣之孙溥伟、隐志郡王奕纬之孙溥伦似乎更有资格，可慈禧却偏偏看上了才具平庸的溥儁，很大程度上就是因为对载漪的宠信。

1900年1月24日，慈禧召集近支王公贝勒、御前大臣、内务府大臣、南上两书房翰林、部院尚书于仪鸾殿议政，最终以光绪帝“痼疾在躬，艰于诞育”为由，宣布立溥儁为大阿哥，入嗣穆宗同治帝，赏头品顶戴，即日迁出端郡王府，入居阿哥所，由崇绮、徐桐等人照料教导。

遗憾的是，被立为大阿哥的溥儁实际上只不过是个顽劣少年。与其父一样，他也不喜欢读书，所会的只是如八旗子弟一样，提笼架鸟、吃喝玩乐。尽管慈禧为他安排了不少学富五车的师傅，但却是对牛弹琴。就连原本对溥儁寄予厚望的崇绮都抱怨说他每日总是与小太监们玩耍，常用泥捏成小人儿，起名李鸿章、奕劻，等等，再命太监用绳子绑起泥人砍去头颅。至于曾经侍奉在溥儁身边的宫女太监们，也对这位临时大阿哥没有什么好印象。

曾被慈禧立为大阿哥的溥儁

当然，溥儁的好日子也没有过多久。就在他被立为大阿哥之后半年多，由于洋人坚决反对废掉光绪，加上载漪等人的鼓动，慈禧愤然与外国宣战，并妄图利用义和团达到其驱逐洋人的目的。结果在八国联军的枪炮面前，义和团及清军一败涂地，慈禧不得不仓皇携光绪及大阿哥等出逃。1901 年在慈禧回銮驻留开封期间，已彻底失去利用价值的溥儁被废黜“大阿哥”的名号，改封为宗室显贵中最低等级的不入八分辅国公衔，随即被赶出行宫，返回京城。

至于溥儁之后的命运，更是一落千丈，到晚年时坐吃山空，不得不寄人篱下，最终于 1942 年穷困潦倒而死。

● 载澜

载澜（1856—1916），1873 年封三等辅国将军，后至不入八分辅国公，曾历任镶红旗满洲副都统、御前大臣、管理虎枪营事务等职。溥儁“大阿哥”事件中，载澜同样参与其中，并且与其兄载漪共同利用义和团攻打洋人，因此庚子事变之后被列入“首祸”名单，被革爵并发往新疆。辛亥革命后回到东北老家，1916 年在沈阳病逝。

● 载瀛

载瀛（1859—1930），1889 年封二等镇国将军，后袭贝勒爵。历任正蓝旗护军统领、宗人府宗正、镶黄旗汉军副都统、东陵守护大臣、镶黄旗汉军副都统等职。载瀛擅长书画，其子溥忻、溥佐、溥佺、溥倜等也均为书画名家。

◆ 奕䜣

奕䜣（1832—1898），道光帝六子，号乐道主人，又号鉴园主人。年少时，奕䜣与奕詝同窗共读，二人关系非常密切。道光帝对此二子都很喜欢，以至于在立储的问题上一直没有拿定主意究竟选谁。据说有两件事让道光帝对奕詝刮目相看。一次他命各皇子到南苑打猎。奕詝的老师杜受田告诉奕詝：“阿哥到猎场后，只坐观他人骑射即可，自己千万不要发一枪一矢。回来时，皇帝一定会问何故，你便回答，时方春和，鸟兽孕育，不忍伤生，以干天和，且不想以弓马一技之长与诸兄弟争高低。”当天狩猎结束后，六阿哥奕䜣所获猎物最多，天色将晚，诸皇子携所获猎物复命。道光皇帝看到奕詝手中空空，果然问其缘由，奕詝就把杜受田教的话说了一遍。道光帝果然龙颜大悦，深叹这才是君主度量。

还有一次，道光帝卧病在床，召见二位皇子前往。奕䜣的老师卓秉恬对奕䜣说：“觐见时，皇上若是在病榻上询问治国大计，你当知无不言，言无不尽。”奕詝的老师杜受田则嘱咐奕詝：“皇上若自言病老，将不久于人世，你只管俯地流涕，以表孺慕之诚。”结果道光帝果然问了治国之事，奕䜣大谈抱负，奕詝则悲伤得痛哭流涕，表示自己要尽孝。道光帝被奕詝的举动所感染，这两件事也对道光选择继承人一事有重大影响。

最终，道光帝在秘密立储匣内写下了“皇四子奕詝立为皇太子”，同时又在同一张纸上写

《泰晤士报》驻华特派记者莫理循 1910 年 4 月于新疆乌鲁木齐拍摄的辅国公载澜的照片

下了“皇六子奕䜣封为亲王”。就这样，奕詝登极成了咸丰皇帝，而奕䜣被封为恭亲王。1853 年，太平军威逼畿南，咸丰帝命奕䜣署理领侍卫内大臣，后又奉旨在军机处行走。1860 年，英法联军进攻北京，咸丰帝逃往热河，任命奕䜣留京担任全权大臣与英法联军议和。9 月 15 日和 16 日，奕䜣分别与英法两国使节签订了《中英北京条约》和《中法北京条约》。这期间，奕䜣得到了西方列强的信任，这也为他之后的种种外交活动创造了条件。12 月，在奕䜣等的建议下，朝廷成立“总理各国事务衙门”作为专门外事机构，奕䜣负责统领总理衙门。

咸丰帝去世后，奕䜣联合慈禧太后发动“辛酉政变”，清洗了以肃顺为首的顾命八大臣，拥立两宫皇太后垂帘听政。两宫皇太后授其为议政王、军机大臣、总理衙门王大臣、宗人府宗令、总管内务府大臣，此时的奕䜣可谓权倾朝野，掌控着内政和外交的权力。

作为爱新觉罗皇族中难得的人才，奕䜣思想开放、视野开阔，具有强烈的时代意识和大局观。正是在他的支持下，中国近代史上著名的“洋务运动”迅速兴起。以奕䜣、曾国藩、李鸿章、左宗棠等人为代表的“洋务派”，打出“自强”“求富”两面大旗，大力发展近代工业。由于奕䜣非常善于与洋人打交道，故时许多顽固派背后戏称其为“鬼子六”。而在此后的几十年间，为了限制奕䜣的权力，慈禧太后曾多次对其予以压制和打击。

1865 年，由于遭到弹劾，奕䜣的议政王职务被免。1872 年，恭亲王一爵得以世袭罔替，成为铁帽子王。1881 年慈安太后去世后，奕䜣在同慈禧的较量中更加处于下风。1884 年中法战争中，以奕䜣为首的军机处对于战和问题举棋不定，使得军队节节败退，结果奕䜣被逐出军机处，长期居家赋闲。直到十年后，随着中日甲午战争爆发，为了挽救危局，奕䜣才被重新起用，出任总理衙门大臣、军机大臣，并总理海军，会同办理军务。但此时的奕䜣已没有能力力挽狂澜，清政府也一败涂地，被迫割地赔款求和。1898 年，奕䜣病逝，时年六十六岁。朝廷以其有功于社稷，配享太庙。作为当时清王朝决策层的核心人物，恭亲王奕䜣经历并参与了晚清一系列历史事件并发挥了重大作用，堪称爱新觉罗家族中的佼佼者和近代史上的风云人物。纵观其命运，只能用坎坷和悲哀来形容。

恭亲王奕䜣世系	恭忠亲王	奕䜣	1864 年加亲王衔，1872 年准世袭罔替
	恭贤亲王	溥伟	1898—1936
	恭亲王	毓嶦	1936—1945

奕䜣共有四子，其中三子、四子均早殇。长子载澂（1858—1885），两岁时被封为辅国公，四岁时被封为贝勒，十四岁时赏加郡王衔，去世时年仅二十七岁。因无子，以其二弟载滢之子溥伟为嗣。次子载滢（1861—1909），1868 年过继给道光帝八子奕詥为嗣，袭贝勒爵，1889 年

年轻时的恭亲王奕䜣，摄于 1860 年。

中年时的奕䜣，摄于 19 世纪 80 年代。

晚年的奕䜣照片。照片旁有题识：皇清光绪壬辰时年花甲重周，钤印“皇六子”“恭亲王”“御赐亲贤翊辅”。

赏加郡王衔。曾担任镶蓝旗总族长、镶黄旗汉军都统、领侍卫内大臣等职务，1900年因义和团事件获罪革爵，仍归本支。载滢有三子，长子溥伟（事迹见第五章）、次子溥儒（溥心畬，事迹见第六章）、三子溥僡。

值得一提的是，奕䜣还有一位身份非常特殊的女儿，在清末爱新觉罗家族中拥有很高的地位，并且成为载入《清史稿》的最后一位公主，她就是固伦荣寿公主。

固伦荣寿公主（1854—1924），恭亲王奕䜣长女，七岁时被慈禧收为养女，在宫中长大，1864年被两宫皇太后正式册封为固伦公主，宫中都称其为大公主。而按照清朝的制度，亲王的女儿封为公主中的最高级，堪称特例中又加特例。十二岁那年，荣寿公主由慈禧太后指婚于固伦额驸景寿之子志端。可惜仅过了五年志端便因病去世，十七岁的公主便开始了漫长的寡妇生涯。慈禧看她年轻守寡，着实寂寞可怜，便又把她接到宫中。作为慈禧的养女和心腹，这位公主成了晚清宫廷中的重要角色。在复杂的后宫中，荣寿公主眼观六路，处事公允，喜怒不形于色。由于她熟知贵族和皇宫礼仪，因此王公大臣的夫人拜见慈禧太后，无不先经过她的安排；就连外国使节的太太进宫，也需要她接待作陪。也正因此，慈禧万分信任她。而王公大臣们知道她的分量，对她都很敬畏。据说当年在皇族内，除了太后、皇上、皇后以外，她是唯一可以乘坐黄轿子之人。在所有亲王之中，即使是地位最为显赫的庆王见了她也要下轿。

这位其貌不扬的大公主，关键时刻显得比男人还有气魄。1908年，光绪皇帝和慈禧太后先后驾崩，前后只差一天，整个爱新觉罗家族顿时陷入一片慌乱。危难之际，还是大公主出面，召集众王公大臣成立“治丧委员会”，并亲自布置任务，调动人员，安排各种礼仪，一直到下葬。

即便在大清覆亡后，民国初年的荣寿公主仍在前清遗老中享有崇高的地位。有一年，蒙古科尔沁亲王贡桑诺尔布的嫡福晋过四十正寿，在什刹海会贤堂饭店设宴，招待亲友，盛况空前。当荣寿公主前来祝贺时，在场所有的宾客都恭恭敬敬地迎接，其威严正如当年在皇宫中一般。荣寿公主于1924年去世，终年七十一岁。

◆ 奕譞

奕譞（1840—1890），道光帝七子，字朴庵，号九思堂主人、退潜主人，1850年被封为醇郡王，1859年奉旨在内廷行走。1861年，咸丰帝去世，同治帝登极。在恭亲王与两宫皇太后共同发动的“祺祥政变”中，奕譞同样立下大功。他曾亲自带兵捉捕顾命八大臣之首的肃顺，因此深得两宫皇太后信任。同治年间，奕譞曾担任正白旗领侍卫内大臣、崇文门正监督、镶黄旗蒙古都统、阅兵大臣等职。1872年，被晋封为醇亲王。

1874年，同治帝载淳病逝。由于载淳无子，慈禧便立奕譞第二子载湉为帝。奕譞听见这个消息后，昏倒在殿下。他深知“恩大祸大”的道理，但圣意不能违抗，自己只能服从。光绪帝一登极，奕譞便请求辞去一切职务。慈禧太后批准了他的要求，同时安排其照料光绪帝读书。

载滢与其长子——第二代恭亲王溥伟合影

奕䜣之长女、慈禧养女固伦荣寿公主，在晚清享有较高的地位，“出镜率”颇高。

前排左起：庆王府二格格、顺承郡王讷勒赫嫡福晋静芳（慈禧弟弟桂祥三女）、荣寿公主、庆王府四格格。后排左起：庆王府三格格、元大奶奶、载泽夫人静荣（桂祥长女）。

前排左起：庆王府二格格、庆王府四格格、顺承郡王讷勒赫嫡福晋、荣寿公主、载沣福晋瓜尔佳氏（溥仪生母）、庆王府三格格、庆王府六格格。后排左起：慈禧德语翻译俊寿、德龄母亲、容龄、德龄、元大奶奶、载振夫人、载澍夫人。

不久，奕譞的醇亲王爵位得到了世袭罔替的殊荣。1884 年，奕譞取代奕䜣，开始掌理军机。一年后，清廷开始设立海军衙门，奕譞被任命总理节制沿海水师。由于为人谨慎，处事低调，奕譞一直受到慈禧的器重和信任。他一生操守清廉，谦恭自持，时刻保持着清醒的头脑，因而能在帝后两党的权力争夺中始终立于不败之地。奕譞曾留给子孙几句话作为家训："财也大，产也大，后来子孙祸也大，若问此理是若何，子孙钱多胆也大，天样大事都不怕，不丧身家不肯罢；财也小，产也小，后来子孙祸也小，若问此理是若何，子孙钱少胆也小，此微产业知自保，俭使俭用也过了。"奕譞支系在晚清可谓显赫一时，最主要的原因便是这一家子出了光绪与宣统两位皇帝。除去外表的光鲜亮丽，奕譞一生其实有许多的无奈。

奕譞共有七子，其中次子载湉即为光绪帝，长子载瀚，三子、四子载洸均早殇，五子载沣、六子载洵、七子载涛都在清末政坛上显赫一时（事迹见第五章）。

◆ 奕詥

奕詥（1844—1868），道光帝八子，咸丰帝即位时封其为钟郡王，1864 年在内廷行走，之后相继管理过武英殿、正黄旗觉罗学、中正殿、左右两翼宗学等事务。去世时年仅二十四岁，因无子，以奕䜣之子载滢和奕譞之子载涛为嗣。

◆ 奕譓

奕譓（1845—1877），道光帝九子，咸丰帝即位时封其为孚郡王。1864 年在内廷行走，1872 年授内大臣，加亲王衔。曾先后管理武英殿、正蓝旗觉罗学事务，还曾担任正蓝旗汉军都统。去世时无子，以康熙帝十五子允禑的玄孙奕栋之六子载沛为嗣，袭贝勒，载沛七岁而亡，又以康熙帝长子允禔的五世孙奕瞻之长子载澍为嗣，并以载瀛长子溥伒为继孙。

1863 年，时年二十四岁的奕譞（中），摄于南苑神机营。

巡阅北洋水师时的奕譞

醇亲王奕譞朝服像

奕谖同善庆（左）、李鸿章（右）合影之铜版画

奕谖（左）与其兄奕䜣合影

奕譞与其儿子合影，左为载洵，右为载沣。

奕譞与嫡福晋叶赫那拉氏（慈禧之妹妹）合影

奕譞便装照，可以看出其性格的低调与谨慎。

奕譞与家人合影，1882 年摄于适园退庵前。右一为载沣生母刘佳氏，右二为奕譞，右三为道光第九女寿庄公主，右五为奕譞嫡福晋叶赫那拉氏。

第四章

女人当家

爱新觉罗的先祖们无论如何也不会想到，这个家族的男人曾经在战场上叱咤风云、威风八面，却不料到王朝末年，在将近半个世纪的时间里，整个皇族居然完全受控于两个叶赫那拉氏女人的股掌之中。

爱新觉罗家族的先祖们可能无论如何也不会想到，这个家族的男人曾经在战场上叱咤风云、威风八面，却不料到王朝末年，在将近半个世纪的时间里，整个皇族居然彻底臣服于两名女性——叶赫那拉家族的慈禧太后和隆裕太后。在咸丰皇帝短暂的执政结束之后，叶赫那拉家族的这两位女性就完全控制了大清王朝的命脉，从同治到光绪再到宣统，整整五十年时间，爱新觉罗家族日益失去对王朝的主导权。

走向衰落的咸丰时期

咸丰帝

◆ 生平事迹

咸丰（1831—1861），爱新觉罗・奕詝，道光皇帝四子，1850年登极，是清朝秘密立储继承皇位的最后一位皇帝。

咸丰为人优柔寡断，被后人称为无远见、无胆识、无才能、无作为的“四无”皇帝。道光帝有九个儿子，但有能力争夺储位的就只有四子奕詝和六子奕䜣。据说当年为了使自己的儿子齿序占得先机，奕詝的生母孝全皇后（时为全贵妃）不惜服下催产药物，使得早产的奕詝一生体弱多病，后来还因坠马成了瘸子。其实，论才华和能力，他都远逊于六弟奕䜣。但由于孝全皇后为道光帝最爱，在其早逝后，幼而失恃的奕詝自然备受道光怜惜。最终，道光帝将皇位传给了资质平平的奕詝，但同时又在传位诏书中封奕䜣为亲王——这种“一匣两谕”的做法亦成为大清历史上绝无仅有的现象。

咸丰即位之初，正值大清帝国内忧外患之际，爱新觉罗皇族的统治可谓风雨飘摇。先是太平天国起义在广西爆发后迅速扩展，于1853年攻克南京建都，改称天京，与清政府分庭抗礼。继而西方列强以“修约”为名，意图发动新的侵略战争。咸丰即位之初还是有一番雄心壮志的，他重用汉臣，如曾国藩等，依靠其训练指挥的汉族武装镇压太平天国和捻军起义；提拔敢于任事的肃顺，支持其革除弊政；罢斥了穆彰阿等奸佞臣子，处决了耆英等降派官员……然而，正所谓积重难返，咸丰的种种举措难以取得立竿见影的效果。内外夹击之下，回天乏力的咸丰转而以醇酒美妇来麻醉自己。对女色毫不节制，使得本就体弱的咸丰身体愈来愈差。咸丰喜欢酗酒，但酒量却一般，往往一饮即醉。这种花天酒地、醉生梦死的生活，自然使得本就先天不足的咸

咸丰朝服像

西方版画中的咸丰。清史专家喻大华曾说："咸丰在整顿吏治方面是个狠角色，处理官员的级别之高、力度之大比雍正还要厉害。他能做到任贤擢材，洞观肆应。"

西方版画中的咸丰与慈禧

《英嫔春贵人乘马图》。图中描绘的是清代咸丰皇帝的英嫔和春贵人戎装骑马的情景。在咸丰众多的后宫女性中，慈禧得以受宠，总的说来有以下几点原因：首先是慈禧的美貌，其次是慈禧聪慧过人，不仅如此，她还能在关键时刻给予咸丰帮助，并懂得进退。最重要的是，她为咸丰帝诞下了唯一的皇子载淳。

丰身体更加羸弱。

1856年，英法对中国发动第二次鸦片战争。咸丰犹豫不决的性格在军事上更加显露无遗，最终导致彻底失利。1860年9月21日，僧格林沁的铁骑在八里桥与英法联军的对决中全军覆灭。次日，咸丰将京城的烂摊子丢给了弟弟奕䜣，自己则带领一干随从离开圆明园，仓皇前往热河避暑山庄“狩猎”。1860年10月，当北京议和成功的消息传到热河后，咸丰皇帝并未因此显得格外兴奋，更未急于返回北京，而是在热河一直待到次年8月病死。葬于清东陵之定陵，庙号“文宗”，谥号“协天翊运执中垂谟懋德振武圣孝渊恭端仁宽敏庄俭显皇帝”。

1861年8月，体弱多病的咸丰在热河行宫驾崩。他临终前遗命，由其唯一的儿子、六岁的载淳承袭皇位，任命怡亲王载垣、额驸景寿、辅国公肃顺等八人为“顾命大臣”，全权赞襄一切政务。为了遏制八大臣独揽大权，他同时授予皇后钮祜禄氏“御赏”章，皇太子载淳“同道堂”章，作为符信，并规定所有经顾命八大臣草拟的谕旨，必须加盖两印章后，方为有效。孰料，这样一来反倒是加速了八大臣集团与以慈禧为首的“咸丰帝京属”集团的较量。

慈禧（1835—1908），叶赫那拉氏，满洲镶黄旗人，安徽宁池太广道惠征之女。1852年入宫，赐号兰贵人，次年被晋封为懿嫔；1856年生皇长子载淳（同治帝），晋封懿妃，次年被晋封为懿贵妃。咸丰帝驾崩后，她与皇后钮祜禄氏两宫并尊，称圣母皇太后，上徽号慈禧。咸丰死后，以肃顺为首的顾命八大臣并未将两位太后放在眼中。肃顺虽颇具才能，但为人张狂，只想大权独揽，视两宫太后及小皇帝为“盖章机器”。肃顺集团的强势，让慈禧觉得自己的性命、儿子的天下、手中的权力等无一不受到威胁。于是，权力欲极强的慈禧与恭亲王奕䜣迅速接近并结成同盟。

1861年阴历八月初，慈禧、奕䜣以及奕譞等人经过一番密谋，精心策划了夺权计划，而此时的肃顺等人却完全蒙在鼓里。九月二十三日，咸丰帝的梓宫由热河启运回京，肃顺奉命亲自护送。而慈禧则抱着幼帝载淳同端华、载垣等一起，由小道先行，在京迎候梓宫。九月二十九日，皇太后与小皇帝返抵北京，随即便展开了行动。已经控制了北京城的奕䜣在宫廷当场逮捕了端华、载垣，而奕譞则同时在护灵途中逮捕了肃顺。十月初三，两宫太后召集群臣讨论，最终决定判处令怡亲王载垣、郑亲王端华于宗人府自尽，肃顺则斩立决，其他顾命大臣或革职，或发遣，此事件即著名的“辛酉政变”。十月初五，肃顺被押赴菜市口处决。据时人记载，肃顺在即将行刑时仍谩骂不止：“想不到，受了小娘们儿的算计。”据说他还借用唐代诗人杜牧《赤壁》中的“东风不与周郎便，铜雀春深锁二乔”作为绝笔，似乎在埋怨咸丰皇帝不听他的进言，没有在同治帝继位前即诛杀慈禧太后。

就这样，在爱新觉罗家族内又一波政治斗争中，一个女人却成了最大的赢家。从此，慈禧太后一直掌控大清王朝的最高权力达四十八年之久。

◆ 后世评价

《清史稿》："文宗遭阳九之运，躬明夷之会。外强要盟，内孽竞作，奄忽一纪，遂无一日之安。而能任贤擢材，洞观肆应。赋民首杜烦苛，治军慎持驭索。辅弼充位，悉出庙算。乡使假年御宇，安有后来之伏患哉？"

子女

咸丰是清朝最后一位有子女的皇帝，共二子一女：

长女，荣安固伦公主（1855—1874）。

长子，载淳，即同治帝。

次子，未命名，1858年二月初五出生当日即夭，追封悯郡王。

阎崇年：一位在位只有十一年的平庸皇帝，却改变了中国近一个世纪的历史。一位懦弱无能的皇子，却能够在皇位竞争中脱颖而出，君临天下。面对内忧外患，他理应救国于危难，却在英法联军侵入北京之时，逃之夭夭，弃国门于不顾。北京城因此而生灵涂炭，圆明园因此而大火熊熊。花天酒地、放荡享乐的咸丰临终之前，却因后事处理不当，导致慈禧控制中国长达半个世纪之久。

慈禧画像。慈禧初入宫为兰贵人，后逐渐晋升为懿嫔、懿妃、懿贵妃。在其子载淳即位后，她成为圣母皇太后。

慈禧照片，摄于 1903 年，照片上有“大清国当今慈禧端佑康颐昭豫庄诚寿恭钦献崇熙圣母皇太后”的题额。

右图为慈禧画像，美国画师凯瑟琳·卡尔绘。她是由与慈禧私交甚好的驻美公使夫人康格女士所推荐。

左页照片为慈禧的御用摄影师裕勋龄所摄，他是清廷驻日、法公使裕庚之子，是德龄、容龄的哥哥。目前所见慈禧照片大多为其所摄。值得一提的是，慈禧对摄影表现出极大的兴趣，不仅自己在摄影时会摆出各种姿势，还经常会同身旁近侍扮演不同角色，如慈禧扮观音、李连英扮善财童子等。

上图　颐和园石桥

颐和园原名清漪园，始建于清乾隆十五年（1750 年），历时十五年竣工。咸丰十年（1860 年）被英、法侵略军焚毁。光绪十二年（1886 年）开始重建，光绪十四年，改名颐和园。光绪二十一年工程结束，是慈禧太后挪用海军经费修建的。作为中国最后一座集大成的皇家园林，颐和园成为慈禧最喜爱的行宫。在每年的大部分时间里，慈禧与光绪都在这里避喧听政、接见外交使节、举办庆典等。颐和园已成为晚清实际上的政治中心。

上图　颐和园万寿山、昆明湖
下图　颐和园慈禧寝宫乐寿堂

昙花一现的同光时期

同治帝

◆ 生平事迹

同治（1856—1875），爱新觉罗·载淳，咸丰帝长子。他的继位应该说是清代帝王中最顺理成章、最没有争议的一个，因为咸丰只有两个儿子，载淳是长子，次子出生之后未命名就夭折了，所以载淳是皇位的唯一合法继承人。

咸丰十一年十月初九日，载淳在太和殿正式继位，在“辛酉政变”中获胜的慈禧太后废弃了在热河时颁布的年号“祺祥”，改为“同治”年号。由于当时同治年幼，因此实行了由两宫皇太后垂帘听政的体制。虽说是两宫太后共同听政，但慈安太后对权力并不热衷，大权基本掌握在慈禧手中。此时慈禧面临着“数千年所未有之变局”“数千年所未有之强敌”：内有太平军及其他起义军步步紧逼，外有各国列强虎视眈眈。虽然此前慈禧曾代咸丰处理过一些政务，但毕竟常年在深宫之中，从政的资历尚浅，因此只能依赖议政王奕䜣的辅佐。

客观地说，这一时期的慈禧对于王朝处境的认识还是比较清醒的。因此她采纳了奕䜣等人的意见，首先一改“重满抑汉”的一贯政策，整饬吏治，重用曾国藩、左宗棠、李鸿章等一批汉臣。正是依靠这些人，清政府先后平息了太平天国、捻军等农民起义，一定程度上缓解了朝廷的统治危机。随后，慈禧又积极支持洋务运动。正是在同治年间，江南机器制造总局、金陵机器制造局、福州马尾船政局、天津军火机器制造总局、上海轮船招商局、兰州织呢局、上海机器织布局等一批军用、民用工业如雨后春笋般发展起来；又成立专门培养外语人才的同文馆，送学生出国留洋，购买军舰和洋枪洋炮装备新式军队，建设新式海军，等等，客观上开启了中国的近代化之门。由此，大清王朝一度出现了生机勃勃的“同治中兴”局面，然而这一切却与同治皇帝没有多大关系。

各种历史记载表明，在治国才能方面，同治甚至还不如乃父；而在风流荒唐方面，则有过之而无不及。更不幸的是，同治与慈禧虽为亲母子，但二人之间似乎有天然的隔阂。尽管按照清朝惯例，皇帝十四岁就应该亲政了，但当同治十四岁时，慈禧的不放心加上对权欲的留恋，一再把同治大婚和亲政的时间向后推。直到同治十八岁的时候，眼看实在不能再推了，三十九岁的慈禧才心有不甘地退居幕后，结束了第一次垂帘听政。实际上，对于自己的亲生儿子，慈禧当年确实也曾倾注了大量心血，对其进行严厉管教。然而结果却事与愿违，到1873年同治亲政，他居然连奏章都看不明白。对于儿子的这些表现，好强的慈禧自然大失所望。

同治朝服像

同治便装像

同治僧装像，手持如意。

1872 年同治十六岁，该立皇后了。当时有两个人选，一为侍郎凤秀的女儿，此女妩媚多姿，是慈禧心目中的皇后；一为侍郎崇绮的女儿，年长于凤秀的女儿，相貌亦稍逊，但端庄过于前者，深为慈安太后所喜。经过民主淘汰赛，崇绮的女儿胜出，被立为后，即孝哲皇后；凤秀的女儿则入选为妃，称慧妃。同治对皇后又爱又敬重，而且是敬重多过爱恋，“始终敬礼之”，慈禧看着甚为不爽，因此每次接见皇后，都不给好脸色，由此也影响到母子之间的感情。

描绘同治大婚场景的西方版画

描绘 1873 年同治接见外国使节情景的西方版画

1872年10月16日，十七岁的同治大婚，次年初又在太和殿举行了亲政大典。一方面，同治自身的确不争气，自然不能令慈禧放心；另一方面，慈禧对儿子的控制欲确实相当强烈，母子二人的关系日益恶化。据记载，由于对同治挑选的皇后心存不满，慈禧居然对其私生活横加干涉。她不但对皇后阿鲁特氏处处刁难，阻拦同治与其共处一室，甚至派亲信太监对二人进行监视。同治对慈禧的所作所为虽不满却也无可奈何，索性对已有的一后四妃谁也不亲近，进而破罐子破摔，彻底堕落下去。1874年12月，刚刚亲政还不到两年的同治皇帝突然身患重病，不久即病死于养心殿，年仅二十岁，去世时没有留下子嗣。关于同治的死因，虽然当时宫廷的有关记录证明他死于天花，但根据其一些令人蹊跷的症状，后世一直传言这位皇帝死于梅毒。同治死后葬于清东陵之惠陵，庙号穆宗，谥号“继天开运受中居正保大定功圣智诚孝信敏恭宽明肃毅皇帝”。

◆ 后世评价

《清史稿》：“穆宗冲龄即祚，母后垂帘。国运中兴，十年之间，盗贼划平，中外乂安。非夫宫府一体，将相协和，何以臻兹？洎帝亲裁大政，不自暇逸。遇变修省，至勤也。闻灾蠲恤，至仁也。不言符瑞，至明也。藉使蕲至中寿，日新而光大之，庸讵不与前古媲隆。顾乃奄弃臣民，未竟所施，惜哉！”

贾熟村：同治帝载淳在位期间，经过曾国藩、李鸿章、丁日昌等人的倡导，也办了一些所谓“洋务新政”。因此，封建史学家称道这一时期为“同治中兴”。但是，所谓“同治中兴”却与同治帝载淳没有多大关系。当时的实际统治者是其生母慈禧和皇叔奕䜣。载淳幼年时是一个少不更事的顽童，亲政以后，作为一个青年皇帝，确实是辜负了朝野上下对他的殷切期望。

光绪帝

◆ 生平事迹

光绪（1871 年 8 月 14 日—1908 年 11 月 14 日），爱新觉罗・载湉，醇亲王奕譞之次子，入嗣咸丰皇帝成为清朝第十一位皇帝，也是清朝入主中原之后的第九位皇帝。

1875 年同治皇帝去世之后，由于其没有留下子嗣，因此由谁来继承皇位便成为爱新觉罗家族最敏感的问题。对于慈禧而言，中年丧子当然是痛苦不堪，但大清的江山还得往下延续。因此在承受丧子之痛的同时，她必须要做的第一件事便是在爱新觉罗皇族中寻找新的皇位继承人。最终她决定，由醇亲王奕譞之子、四岁的载湉承继咸丰帝为子，入承大统，为嗣皇帝，此即光绪皇帝。慈禧之所以选中载湉，一方面是因为年幼的载湉以咸丰帝儿子的名义继承大统，她依然可以凭借皇太后的名义垂帘听政；另一方面也是因为载湉的父亲奕譞是咸丰的弟弟，而母亲是慈禧的亲妹妹，这种双重的血缘亲情关系自然无人可比。

早在 1860 年，颇有政治远见的慈禧就一手促成了自己的亲妹妹叶赫那拉・婉贞与咸丰七弟、醇郡王奕譞的婚事，小叔子成了妹夫，自然是亲上加亲。同治帝驾崩后，慈禧颁下懿旨：立载湉嗣咸丰帝为新皇帝。由于光绪与同治属于同辈，因此从皇位继承的法理而言，慈禧的这一决定显然违反了祖制。明眼人一看即知，这完全是出于她对权欲的追求。不过由于慈禧当时对朝政的绝对控制，反对的声音很快就被淹没了。当载湉被慈禧列为帝位的接班人时，作为皇帝生父的奕譞一跃而成为大清帝国最炙手可热的皇室权贵。然而出人意料的是，奕譞却惊得“仓猝昏迷”，并力请罢免一切职务以避嫌隙。这种表现无疑让慈禧深感满意，随即颁发“优招”，对皇帝生父奕譞赐以“世袭罔替亲王”的待遇，成了大清朝恩封的四家铁帽子王之一。

光绪登极时年仅四岁，慈安、慈禧开始第二次垂帘听政。相比较第一次垂帘听政，慈禧的政治手腕和历练都有了很大提升。在对光绪的教育上，慈禧吸取了同治教育失败的教训，一开始就有意识地按照自己的心意对光绪进行塑造。她甚至不顾骨肉之情，强行切断了小光绪与亲生母亲及醇王府的联系，并刻意在光绪面前树立自己的威严。入宫后的光绪日日生活在对慈禧的恐惧之中，既没有亲人的关爱，体质也很差。随着光绪年岁渐长，亲政问题逐渐提上了日程。1886 年 7 月，慈禧下懿旨命钦天监择吉日为皇帝举办亲政大典。奕譞识时务地上折子请求慈禧继续训政至光绪帝年满二十岁。慈禧顺水推舟，改听政为训政，仍然掌控着大权。为了归政后更有效地控制光绪，慈禧无视光绪的心意，立自己弟弟桂祥之女叶赫那拉・静芬为皇后。光绪大婚后，慈禧归政，但实际上大权仍掌握在慈禧手中。

光绪帝亲政以后，虽然每遇大事需向慈禧请示，自己手中并无多少决定权，但这位年轻的君主依然迫切地想要了解外部的世界，思想较为开放。特别是在经历了甲午战争的耻辱后，光

光绪朝服像

光绪像

绪在维新派的推动下，开始了一场颇具声势的变法运动。对于光绪推动的种种变法举措，慈禧并非完全不能接受。然而光绪急风骤雨式的进度显然有损于以慈禧为首的既得利益集团，加上维新派为了铲除保守势力，居然出笼了一个“围园杀后”的政治密谋，这是慈禧绝对不能容忍的。1898 年 9 月 21 日，已退隐颐和园的慈禧在荣禄等亲信的支持下血腥镇压了变法运动，并囚禁了光绪帝，由此开始了第三次垂帘听政。而光绪则自此在中南海瀛台开始了长达十年的幽禁生活。在此期间，慈禧还曾一度试图另立皇帝，选定端郡王载漪的儿子、时年十四岁的溥俊为大阿哥，意图作为同治皇帝的子嗣承继大统。最后由于西方列强的强烈反对，慈禧此举才未得逞。

为了加强对爱新觉罗家族的控制，慈禧还充分施展政治联姻之术。除了将自己的妹妹许配给奕谖外，其大弟弟照祥的女儿嫁给了铁帽子王顺承郡王讷赫勒，二弟桂祥的大女儿嫁给了镇国公载泽，二女儿即光绪的皇后，三女儿则嫁给了孚郡王府的主人贝勒载澍。醇亲王奕谖死后，其王爵由年方八岁的五子载沣继承。载沣早先曾定过一门亲事，但姑娘一家却在八国联军入侵北京时殉难了。后来，载沣的生母刘佳氏又亲自为儿子定下了第二门亲事，并且已经放了大定，就差选择吉日迎娶过门了，据说载沣本人对那姑娘也是十分中意。而慈禧却下旨将亲信荣禄之女瓜尔佳・幼兰指婚给载沣。刘佳氏为此气得精神失常，却敢怒不敢言。光绪死后，或许是还梦想着四度垂帘，慈禧临终前颁下懿旨，立载沣与嫡福晋瓜尔佳氏的长子、年仅两岁零九个月的溥仪承继同治，兼祧光绪，入宫承继大统，即宣统皇帝，并由其生父载沣摄政监国。

1908 年 11 月 14 日傍晚，光绪驾崩，时年三十八岁。15 日，慈禧太后也驾崩。由于慈禧与光绪去世仅相差不到一天，虽然各种档案资料的记载表明，光绪死于疾病，但其死因一直都被视为疑案。通常的观点认为，光绪自幼身体孱弱，一直有脾胃虚弱的毛病，成年后又有滑精症状，还长期咳嗽，疑似肺结核。加上政治上的失意、长期的精神抑郁导致了严重的神经官能症，心悸、失眠、食欲不振等症状相继出现，去世前一年已病入膏肓。其直接死因，可能是心肺功能慢性衰竭并发急性感染。然而在 2008 年 11 月 2 日，在用法医学的手法历时五年研究之后，由国家清史编纂委员会、清西陵文物管理处、中央电视台、中国原子能科学研究院、北京市公安局法医检验鉴定中心等单位联合组成的“清光绪帝死因”专题研究课题组确定光绪是因为“急性肠胃型砒霜中毒”而亡。研究人员对光绪遗体的头发、遗骨、衣服及墓内外环境样品进行了反复的检测，在光绪的衣领部位及头发上均发现沾染有高浓度的三氧化二砷（即砒霜），其袍服胃部的三氧化二砷源于尸体腐败时的体液浸蚀所致，而头发及衣领的三氧化二砷也是尸液浸蚀的遗留。常人口服砒霜 60 至 200 毫克就会中毒身亡，而仅在光绪帝部分衣物和头发上检出的砒霜总量就已高达约 201 毫克。而毒害光绪的凶手则被圈定为慈禧、袁世凯、李连英、崔玉贵、奕劻等人。无论其真相究竟如何，反正对于大清王朝而言，光绪和慈禧的相继去世，其直接后果无疑是灾难性的。

光绪像

光绪之皇后隆裕

戊戌变法后，光绪被囚禁于瀛台。

光绪帝的葬礼是进入 20 世纪以来中国规模最大的一次，也是唯一一次正式的皇帝葬礼。其梓宫由 128 人所抬，沿途经过各地的百姓纷纷跪拜。本页图为光绪皇帝的大丧时皇宫内的情景。

光绪皇帝的送殡队伍经过景山附近

光绪皇帝出殡时的情景

光绪皇帝出殡时的情景

清王朝为光绪皇帝大葬特别发行的明信片

光绪皇帝出殡时的情景，送葬队伍一眼望不到头，而两旁驻足观看者更是不计其数。

光绪皇帝梓宫移西陵，观者如潮。

西方人眼中的慈禧太后

1908 年，慈禧和光绪相继驾崩，图为法国《小日报》关于 1908 年光绪和慈禧相继去世的报道中心插图。

光绪帝死后，葬于清西陵的崇陵，庙号德宗，谥号“同天崇运大中至正经文纬武仁孝睿智端俭宽勤景皇帝”，慈禧太后则葬于清东陵。

◆ 后世评价

《清史稿》评光绪帝：“德宗亲政之时，春秋方富，抱大有为之志，欲张挞伐，以前国耻。已而师徒饶败，割地输平，遂引新进小臣，锐意更张，为发奋自强之计。然功名之士，险躁自矜，忘投鼠之忌，而弗恤其罔济，言之可为于邑。洎垂帘再出，韬晦瀛台。外侮之来，衅自内作。卒使八国连兵，六龙西狩。庚子以后，怫郁摧伤，奄致殂落，而国运亦因此而倾矣。呜呼，岂非天哉。光绪驾崩后，清越四年而亡。”

《清史稿》评慈禧太后：“及文宗末造，孝贞、孝钦两皇后躬收政柄，内有贤王，外有名将相，削平大难，宏赞中兴。不幸穆宗即世，孝贞皇后崩，孝钦皇后听政久，稍稍营离宫，修庆典，视圣祖奉孝庄皇后、高宗奉孝圣皇后不逮十之一，而世顾窃窃然有私议者，外侮迭乘，灾祲屡见，非其时也。不幸与德宗意恉不协，一激而启戊戌之争，再激而成庚子之乱。晚乃一意变法，怵天命之难谌，察人心之将涣，而欲救之以立宪，百端并举，政急民烦，陵土未乾，国步遂改。综一代之兴亡，系于宫闱。呜呼！岂非天哉？岂非天哉？”

萧一山：德宗鲜始皇之雄才，行熙宁之新法，以一无能之懦夫，而欲对三次专政之宫廷老妇作干盅，宜其百日无成，身被囚死，可怜亦复可哀！

末代皇帝宣统

宣统（1906—1967），爱新觉罗·溥仪，字耀之，号浩然，醇亲王载沣之长子。他是清朝末代皇帝，也是中国历史上最后一位皇帝。

溥仪出生于北京什刹海边的醇王府，其生母瓜尔佳·幼兰，乃军机大臣荣禄之女、慈禧太后之养女，醇亲王载沣的嫡福晋。瓜尔佳生两子：长子溥仪、次子溥杰。在三岁之前，溥仪原本在醇王府过着幸福的生活。由于是醇王府的头生孩子，因此他在过满月后便由祖母刘佳氏亲自抚育。据溥仪本人回忆："祖母非常疼爱我的。听乳母说过，祖母每夜都要起来一两次，过来看我。她来的时候连鞋都不穿，怕木底鞋的响声惊动了我，这样看我长到三岁。"然而却不料，由于慈禧的一道懿旨，彻底改变了溥仪一生的命运。

1908 年 11 月，慈禧太后和光绪皇帝同时重病，自知不起的慈禧决定在临终前为大清朝选定一位继承人。据说当时曾有大臣建议从皇族中选择年长的近支宗室，结果遭到了慈禧的斥责。就在光绪帝临终前一天，11 月 13 日，慈禧懿旨由溥仪继承皇位，承继同治皇帝为嗣，兼承光绪皇帝为嗣，同时又传旨醇亲王载沣授为摄政王。当大臣将此事告知光绪皇帝后，因为溥仪是自己的亲侄子，又让自己的亲弟弟监国，光绪因此也十分满意。对于慈禧而言，她之所以选中溥仪继承皇位，主要是因为溥仪的祖父奕譞的嫡福晋是她的胞妹，其母亲则是自己的养女。当天傍晚，醇亲王载沣同军机大臣、内监们回府，将溥仪从醇亲王府迎入宫中。爱新觉罗·溥仪在《我的前半生》中回忆当时的情形：

醇王府里发生了一场大混乱。这边老福晋不等听完新就位的摄政王带回来的懿旨，先昏过去了，王府太监和妇差丫头们灌姜汁的灌姜汁，传大夫的传大夫，忙成一团；那边又传过来孩子的哭叫和大人们的哄劝声。摄政王手忙脚乱地跑出跑进，一会儿招呼着随他一起来的军机大臣和内监，叫人给孩子穿衣服，这时他忘掉了老福晋正昏迷不醒；一会儿被叫进去看老福晋，又忘掉了军机大臣还等着送未来的皇帝进宫。这样闹腾好大一阵，老福晋苏醒过来，被扶送到里面去歇了。这里未来的皇帝还在"抗旨"，连哭带打地不让内监过来抱他。内监苦笑着看军机大臣怎么吩咐，军机大臣则束手无策地等摄政王商量办法，可是摄政王只会点头，什么办法也没有。那一场混乱后来还亏着乳母给结束的。乳母看我哭得可怜，拿出奶来喂我，这才止住了我的哭叫。这个卓越的举动启发了束手无策的老爷们。军机大臣和我父亲商量了一下，决定由乳母抱我一起去，到了中南海，再交内监抱我见慈禧太后皇太后。

就这样，继三十四年前四岁的光绪被立为新皇帝之后，醇亲王府再度为大清朝贡献了一位

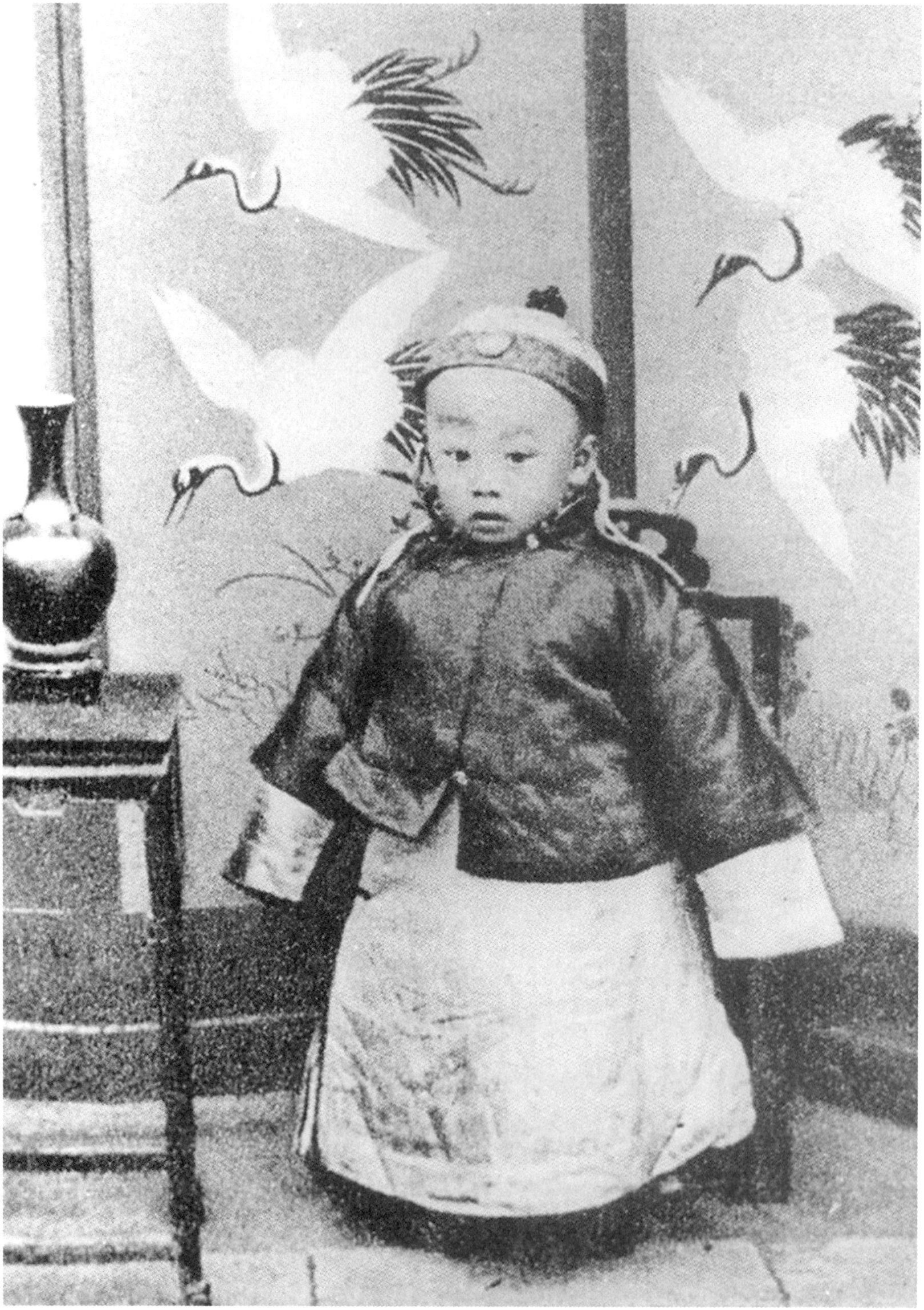

时年两岁的溥仪，摄于醇亲王府。

左上图　幼年时的溥仪（站立者）、溥杰（怀抱者）与父亲载沣。

右下图　西方绘画中的溥仪与摄政王载沣

右上图　西方绘画中的摄政王载沣、皇太后隆裕和末代皇帝溥仪。

溥仪与隆裕太后在紫禁城养心殿内

小皇帝。只是这样空前的荣耀究竟是福还是祸，恐怕只有当事人自己心里清楚。接到慈禧懿旨后，醇亲王载沣既不敢抗旨，又六神无主。而接下来的几天，他们父子二人几乎完全是被摆布着看眼前晃过一幕又一幕。

紧接着，光绪皇帝、慈禧太后在两天中相继死去。光绪皇帝灵柩停在乾清宫，慈禧太后灵柩停在皇极殿。而三岁的孩童溥仪，则被人抱着，一会儿到光绪灵前磕头哭祭，一会儿到慈禧灵前叩头，在惊恐、陌生、寒冷与悲哀的气氛中受着折磨。

12 月 2 日，溥仪在太和殿即位，第二年改年号为“宣统”，由光绪皇后隆裕和载沣摄政。然而当天发生的一幕似乎却在冥冥之中预示着什么。多年以后，溥仪在《我的前半生》中回忆道：

所谓登极，就是我父亲扶着我坐在宝座上，接受王公大臣文武百官的朝贺。在大典之前，照章要先在中和殿接受领侍卫内大臣们的礼（在大典上他们站列两侧，不便与文武百官一起朝贺）。我被他们折腾了半天，加上那天天气奇冷，因此当他们把我抬到太和殿，放到又高又大的宝座上的时候，早超过了我的耐性限度。我父亲单膝侧身跪在宝座下面，双手扶我，不叫我乱动时，我却挣扎着哭喊：“我不挨这儿，我要回家！我不挨这儿，我要回家！”父亲急得满头是汗。文武百官的三跪九叩没完没了，我的哭叫也越来越响。我父亲只好哄我说：“别哭，别哭，快完了，快完了！”

典礼结束，文武百官窃窃私议道：“王爷怎么可以说什么‘快完了’呢？”这不是预示着大清王朝的不吉祥吗！就这样，在三岁小皇帝的哭闹声中，大清朝迎来了最后的夕阳。而当时掌控朝政的，实际上则是慈禧太后的侄女隆裕太后。

在此后将近十年的时间里，溥仪就一直生活在紫禁城。虽然表面上共有“三父七母”，但这位小皇帝却是在没有母爱的环境中长大的，这对他以后的心理和人格都产生了影响。

1911 年辛亥革命爆发后，随着南方各省纷纷宣布独立，北京城内更是人心惶惶。危难之际，隆裕太后悲哀地发现，正当朝廷用人之际，却居然找不出一位敢于挺身而出的忠臣良将。那些昔日或耀武扬威、或俯首帖耳的王公贵族，不是躲在家里闭门不出，就是在朝堂上一言不发。摄政王载沣虽然忧心忡忡，却因为才具平庸而无计可施。最终，在庆亲王奕劻、大学士那桐等人的极力主张下，与光绪皇帝有不共戴天之仇的袁世凯被抬出来收拾残局。而袁世凯则一方面打着保皇的旗号向革命党人大举进攻，一方面又以实行共和为条件向皇室施压。在和南方的革命党人进行了一番谈判后，袁世凯利用手中掌握的清朝军队迫使革命党人妥协，并最终同革命党人秘密达成协议——一旦他成功使清帝退位，孙中山就要拥戴他当民国总统。最终在袁世凯的胁迫下，隆裕太后不得不授权其与临时政府磋商退位条件。由于当时的爱新觉罗皇族人心涣散，因此孤立无援的隆裕虽连日召开御前会议，但也只能抱着小皇帝溥仪潸然泪下。

◆ 后世评价

喻大华：无疑，末代皇帝溥仪是一位重要的历史人物，是人类历史上拥有非凡经历和传奇命运的特殊人物，然而，他身为皇帝却没有掌握过一天国家政权；长期处于政治旋涡中却未发挥关键的作用。

1912 年 2 月 9 日，南京临时政府向袁世凯递交了《清室优待条件》，同时还有《关于清皇族待遇之条件》和《关于满蒙回藏各族待遇之条件》。2 月 11 日，隆裕太后接受了南京临时政府“清帝退位条件最后修正案”。2 月 12 日，也就是清宣统三年十二月二十五日，隆裕太后带着六岁的小皇帝溥仪，在养心殿举行了清王朝的最后一次朝见仪礼。随后，她以宣统皇帝的名义颁发了《清帝逊位诏书》，表示顺应人心天命，清帝正式逊位，确立共和立宪政体，其中说道：

钦奉隆裕皇太后懿旨：前因民军起事，各省响应，九夏沸腾，生灵涂炭，特命袁世凯遣员，与民军代表，讨论大局，议开国会，公决政体。两月以来，尚无确当办法。南北睽隔，彼此相持，商辍于途，士露于野，徒以国体一日不决，故民生一日不安。今全国人民心理，多倾向共和，南中各省，既倡议于前，北方各将，亦主张于后，人心所向，天命可知，予亦何忍以一姓之尊荣，拂兆民之好恶，是用外观大势，内审舆情，特率皇帝将统治权归诸全国，定为共和立宪国体，近慰海内外厌乱望治之心，远协古圣天下为公之义。袁世凯前经资政院选举，为总理大臣，当兹新旧代谢之际，宜有南北统一之方，即由袁世凯组织临时政府，与军民协商统一办法，总期人民安堵，海内乂安，仍合汉、满、蒙、回、藏五族完全领土，为一大中华民国，予与皇帝得以退处宽闲，优游岁月，长受国民之优礼，亲见郅治之告成，岂不懿欤？钦此！

对于这一历史性的时刻，溥仪在《我的前半生》中回忆说：

宣统三年十二月二十五日，隆裕太后颁布了我的退位诏书。一部分王公跑进了东交民巷，奕劻父子带着财宝和姨太太搬进了天津的外国租界。醇亲王在会议上一直一言不发，颁布退位诏后回到家去抱孩子去了。袁世凯一边根据清皇太后的懿旨，被授权组织了民国临时共和政府，一边根据南方的革命党的协议，由大清帝国内阁总理大臣一变而为中华民国的临时大总统。而我呢，则作为大总统的邻居，根据清室优待条件，开始了小朝廷的帝王生活。

右图为溥仪登极后掌握朝政的隆裕太后

下图为清帝逊位后在皇宫内生活的隆裕太后

隆裕太后梓宫奉移时，使用的是慈禧太后曾乘坐过的专列。

隆裕太后梓宫使用了九十六人的皇杠，四角各二十四名杠夫，并伴有民国政府派去的仪仗队、军乐队。图为梓宫到前门火车站时的情景，图中可见站前地面上的纸钱。

梓宫奉移时前门火车站站内的情景

梓宫灵车在前门站进入专列时的情景

梓宫抵达河北，灵车从专列上引出的情景。

梓宫抵达河北易州梁各庄时的仪仗

迎接梓宫的人群，图中可见有身着清朝官服的人。

第五章

谢幕绝唱

清王朝末年，内外交困，皇族统治腐朽没落，一切努力皆化为泡影。最终在辛亥革命的炮声中，爱新觉罗家族失去了皇权，属于他们的时代也宣告结束。

到清王朝末年，面对内外交困的局面，爱新觉罗家族的部分核心成员们，也曾试图尽力挽救祖先留下的基业。特别是在末代皇帝宣统即位后，在摄政王载沣的领导下，包括载洵、载涛、载泽、溥伟、毓朗、良弼等人在内的皇族成员，曾试图通过政治改革、军事振兴等手段力挽狂澜。然而在历史的潮流面前，他们所有的努力都几成徒劳。最终在辛亥革命的炮声中，爱新觉罗家族失去了皇权，属于他们的时代也宣告终结了。

无力回天的末代皇族

1908 年光绪和慈禧太后相继驾崩后，醇亲王载沣作为摄政王，同隆裕太后共同掌管朝政。然而由于这两人都缺乏政治魄力，面对风雨飘摇的国内局势也无能为力。为了挽救大清朝，以载沣为首的爱新觉罗皇族核心成员也曾做过一番努力，无论是大力发展军事、推行宪政还是鼓励工商业发展等，也曾给王朝带来一些新气象。然而与此同时，爱新觉罗皇族内的纷争却也令他们束手无策。尽管祖宗留下的江山已是危如累卵，可是爱新觉罗的王公贵族们却还在为了一己之私而争斗不息。据有关研究者概括，当时皇族亲贵们主要结成以下几党：庆亲王奕劻一党；载沣之弟载洵总持海军，兼办陵工，与毓朗合为一党；载沣之弟载涛统军谘府，侵夺陆军部权，收用良弼为一党；肃亲王善耆好结纳勾通报馆，据民政部，领天下警政一党；溥伦阴结议员为一党；隆裕以母后之尊，宠任太监张德为一党；镇国公载泽是隆裕的姻亲，握财政全权，创设监理财政官盐务处为一党；监国福晋瓜尔佳氏，颇通贿赂，联络母族为一党。在这种情形下，一旦国家遭遇重大变故，爱新觉罗皇族自然难以应对了。武昌起义爆发后，随着各省纷纷响应，被逼无奈的清王朝只得将全部希望寄托在袁世凯身上，于是便有了被迫逊位的结局。多年以后，溥仪在谈及清朝灭亡的责任时，曾有所谓“两王（即庆亲王奕劻和摄政王载沣）三贝勒（即载洵、载涛和毓朗）”之说。不过客观地分析，将一个王朝的覆灭简单归咎于少数皇族成员，对他们显然也是不公平的。

载沣着长袍马褂照

◆ 末代摄政王载沣

载沣（1883—1951），醇亲王奕谖五子，八岁时继承爵位，十二岁时赏戴三眼花翎，十八岁时受命为“内廷行走”。1901 年 8 月，载沣奉命出使德国，为克林德被杀事件向德国皇帝赔礼道歉。对于十八岁的王爷而言，这可是一项艰巨的任务。而德国人之所以选中载沣，原因即在于其地位显要——不仅贵为亲王，而且是光绪帝的亲弟弟。在载沣到达德国后，在觐见德皇的礼节问题上遭遇了刁难：德方居然要求载沣的随从行跪拜礼。为维护国家尊严，载沣表示“宁蹈西海而死，不甘向德皇跪拜”。双方经过了二十多天的交涉，终于达成了共识——免去跪拜礼，俱行鞠躬礼。第一次走出国门的载沣，在这次外事活动中基本做到了有理、有利、有节，连本想羞辱中国的德国人也对其赞赏有加。载沣作风简朴，主动谢绝了国内各级官员所预备的

清政府于 1911 年 5 月 8 日成立责任内阁，内阁由十三人组成，计有：内阁总理大臣奕劻（皇族，前排左三）、内阁协理大臣那桐（满族，前排右二）、内阁协理大臣徐世昌（汉族，二排左一）、外务大臣梁敦彦（汉族，三排左二）、民政大臣善耆（皇族，前排右一）、度支大臣载泽（皇族，前排左一）、学务大臣唐景崇（汉族，三排右三）、陆军大臣荫昌（满族，二排右二）、海军大臣载洵（皇族，二排左二）、司法大臣绍昌（满族，三排右一）、农工商大臣溥伦（皇族，四排左一）、邮传大臣盛宣怀（汉族，四排右二）、理藩大臣寿耆（宗室，三排右一）。十三名国务大臣之中，汉族仅四人，满族九人，而皇族竟有五人，故人称“皇族内阁”。

高规格迎送礼仪，赢得了在华西方外交官和国际舆论的一片赞赏之声。而作为大清国第一个出访西洋的亲王，载沣此行也大开眼界。

1902 年 9 月，经慈禧太后亲自指婚，载沣娶荣禄之女幼兰为嫡福晋。因是太后指婚，所以一切礼仪远高于亲王仪制，接近于皇子的规格。1903 年春，载沣被任命为随扈大臣；1906 年秋任正红旗满族都统；1907 年，受命在军机大臣上学习行走。

溥仪登极后，载沣开始监国摄政，成为大清国实际上的统治者之一。上任后，载沣所做的第一件事就是以“足疾”为由，解除袁世凯的一切官职，打发其回籍养病。载沣对德国之行印象最为深刻的便是其军制，曾在回国后即奏请设立贵胄学堂，专门为皇室培养军事人才。摄政后，他就立即着手依据德制创建禁卫军，随后复设海军部，以胞弟载洵为大臣；再改革军制，设立军谘府，以胞弟载涛为军谘大臣。然而由于载沣一味依靠满洲亲贵，无形中加剧了皇族与汉族大臣的矛盾。美国学者恒慕义就认为：“载沣几乎毫不具备做摄政王的一切必要素质。他无力节制他的兄弟和其他王公显贵，他被迫授予他们政府高位，而不考虑他们的能力。因此，他失去了许多有才干的汉族官员的支持，而这些汉族官员在 1911 年的革命爆发时原本会站在他的这一边。”就连胞弟载涛也曾这样评价载沣：“遇事优柔寡断，人都说他忠厚，实则忠厚即无用之别名。做一个承平时代的王爵尚可，若仰仗他来主持国政，应付事变，则决难胜任。”

随着国内形势的日益严峻，载沣遂于 1909 年下诏重申预备立宪。1911 年 4 月，载沣以监国摄政王的名义任命庆亲王奕劻为第一届内阁总理大臣，组织责任内阁，裁撤原有的军机处及旧内阁。5 月 8 日，新内阁名单人选出炉，结果让人大跌眼镜：十三名阁员中，满族九人，其中皇族五人，汉族仅四人。这个彻头彻尾的“皇族内阁”顿时更加激化了各种矛盾。

1911 年 10 月 10 日，武昌起义的炮声使得清廷岌岌可危。生性懦弱的载沣无奈之下，只得再次起用被自己罢免的死对头袁世凯为内阁总理大臣，全权组阁，同时自请卸任，结束了自己的当国生涯。或许，载沣的性格确实不适宜执掌国政，但这一切都由不了他。命运一手将他推上了摄政王的宝座，可惜大清国积重难返、气数已尽，并非某个人就能力挽狂澜的。当国的三年对于载沣好比一场煎熬，否则他不会在卸任后一脸轻松地对福晋瓜尔佳氏说：“从今天起，可以回家抱孩子了！”从此之后，载沣在中国政治舞台上基本销声匿迹，一心一意躲在府中颐养天年。几个月后，孤立无助的隆裕太后无奈之下只得代表小皇帝颁布退位诏书，终结了大清王朝的统治。

载沣有四子：长子溥仪、次子溥杰、三子溥倛、四子溥任。

摄政王载沣照片

庚子事变后，载沣受命作为清廷特使前往德国，去为德国公使克林格在北京被杀一事向德国皇帝道歉。图为出发前的载沣。

1901 年载沣赴德国途经上海情形

1901 年载沣赴德国途经香港时与当地官员合影

载沣与其嫡福晋瓜尔佳氏（荣禄之女）合影

1907 年前后醇亲王府的主人们。右起：载沣、载沣母刘佳氏、载沣庶母李佳氏、载沣嫡福晋瓜尔佳氏。

载沣与家人在醇亲王府益寿堂戏台院内合影。右起：载沣（抱次子溥杰）、刘佳氏、李佳氏、瓜尔佳氏（抱长女韫媖）。

◆ 载洵

载洵（1885—1949），醇亲王奕譞第六子，后嗣嘉庆帝四子绵忻子奕志为后。1902年袭贝勒，1908年加郡王衔。1909年，载沣任命载洵和海军提督萨镇冰为筹办海军大臣，负责设立筹办海军事务处。作为大清国最后一位筹办海军大臣，二十二岁的载洵甫一上任，立即雄心勃勃地宣布了一个海军发展七年规划。这年10月，为加快海军重建工作，他率团赴欧洲考察各国海军发展情况，学习制造军舰和炮械技术。载洵此行，不仅在意大利、奥匈帝国、德国和英国订购了若干不同吨位的舰艇，也学到了不少海军建设的经验，收获颇丰。第二年，载洵又出访美国，考察了旧金山、纽约、波士顿等地的造船公司、钢铁公司及海军造船厂，并在美国和日本分别订购了一艘巡洋舰和两艘炮舰。尽管载洵的宏伟大计因大清王朝的覆灭而付诸东流，但他在海外订购的这些军舰最终仍编入了北洋政府海军。其中的“永丰”舰参加了护国运动、护法运动等，后改名为“中山舰”。载洵考察各国海军的行动，在清代海军的历史上堪称空前绝后，不仅为中国培养了一批优秀的海军人才，同时也为海军组织机构的建立和完善提供了可资借鉴的经验。清室覆亡后，载洵将位于北京西四北大街的原府出售，移居天津。抗日战争期间，载洵坚持民族气节，拒绝到伪满州国任职。1949年在天津病故。

载洵有一子：溥侊。

◆ 载涛

载涛（1887—1970），字叔源，号野云，醇亲王奕譞七子，过继给钟郡王奕詥为嗣子。1902年袭贝勒，1908年加郡王衔。早年曾留学法国索米骑兵学校，1910年赴日、美、英、法、德、意、奥、俄八国考察陆军，还曾出使英国。身为载沣、载洵的同胞兄弟，溥仪的“皇叔”，载涛一度成为身份显赫的王公贵族，官至军谘大臣和禁卫军训练大臣。随着清王朝的覆灭，这一切都烟消云散。载涛在仕途上虽然没能有大作为，但他爱好广泛，喜交游，多才多艺，尤其是精于养马骑术，并因此名扬京城，成就了自己的别样人生。

载涛有六子：长子，幼殇，未命名；次子，溥佳；三子，溥佺；四子，溥伸；五子，溥僖；六子，溥仕。

◆ 溥伟

溥伟（1880—1936），恭亲王奕䜣之嫡孙，号锡晋斋主。1898年承袭王爵，历任官房大臣、正红旗满洲都统、禁烟事务大臣等要职。1908年光绪皇帝驾崩后，溥伟曾被部分爱新觉罗皇族提议为皇位继承人人选。事实上，作为道光皇帝的长曾孙、恭亲王奕䜣的长孙，溥伟的确颇具问鼎皇位的资格，可惜由于慈禧临终前的一道懿旨，他也就与皇位无缘了。之后又由于新一

载洵（右）与载涛两兄弟合影

TSIA-HSUN.
SECRET SERVICE.
ADJUTANT-GENERAL
VERBECK.

左页图、右页图为时任海军大臣的六贝勒载洵访问德国的情景。左图为载洵着补服像。1909 年 9 月，载洵、萨镇冰前往英国、德国、意大利和奥匈帝国等欧洲国家考察。据《新加坡自由报》记载，载洵是一个反应机敏、有防备心的年轻人，对肩上重任甚感兴趣，急切盼望到外国土地上去看一看。载洵在接受采访时也说："此次欧洲考察，目的不在于购买军舰，而是全面考察西方的海军事务并认真学习。"

1909 年 11 月，他们到达德国柏林。左上图为在柏林菩提树大街阿德龙 · 勃里斯特酒店，两个中国人在德国官员的簇拥下走出门口。身穿大清官服、走在最前面的是筹办海军事务大臣载洵；一旁手持文明棍、披大氅的是当时大清驻德公使荫昌。载洵时年二十三岁，风华正茂，意气风发，德国是他欧洲之行中的一站，此前他已经在意大利和奥地利的船厂转了一圈，订购了炮舰和驱逐舰各一艘。

萨镇冰后来回忆称，年轻的洵贝勒起初因为对西式社交活动不熟悉而非常抵触，某次德国皇室邀其参加宴会，刚啃完一个肘子和几个馒头的载洵不顾礼仪，一度闹少爷脾气留在酒店中拒不出席，经萨镇冰和荫昌软硬兼施的劝解才勉为其难。而当真正身临歌舞如林的盛景之中，载洵的反应是"喜得若狂"，尤其对交际舞大感兴趣。

载涛、李经迈一行访问美国纽约西点军校。

在德国考察飞艇时，载涛在洛文菲德将军陪同下，亲自登上帕赛伐尔 49 型飞艇，飞行了二十分钟。

上图为载涛一行访问奥匈帝国时，在布达佩斯合影。一排左二为哈汉章，左三为李经迈，左四为载涛，右一为良弼，二排左四为田献章，左六为程经邦；三排左三为唐宝潮，左六为刘恩源。下图为载涛着新军军服像。

1910年，清政府派出被封为陆军大臣的七贝勒载涛为首的考察团赴欧美等国考察。载涛一行在美国对西点军校兴趣浓厚，他们首先参观了旧兵营，载涛从一个走廊转到另一个走廊，几乎每个房间都进去看看。

载涛一行还观看了骑兵学员的马术表演，表演结束后他向斯科特上校表示这是他一生中最快乐的一天，还表示希望在中国也建立一所这样的军校。还有一个插曲是载涛被问到了辫子的问题，他表示要征求载沣的意见，也许回国后就会剪掉辫子。果然载涛回国后不久就在贵胄学堂推行剪辫子，成为大清朝最开始剪辫子的地方。

载涛在靶场试射了美国陆军的步枪，第一枪脱靶，他微笑着摇摇头，重新上膛再次瞄准，一枪击中靶心，赢得了陪同的美国官员和在场士兵的赞叹。

届军机处成员的名单中没有自己的名字，溥伟曾闯入军机处大骂军机大臣张之洞，说慈禧太后临终前命令他辅助载沣摄政，甚至要求重写光绪遗诏。在要求遭到拒绝后，溥伟顿足大哭，遍骂各位军机大臣，还闯入内务府闹事。正因如此，他始终受到载沣一系的疑忌，不被重用。武昌起义后，在关于清帝退不退位的御前会议上，溥伟慷慨陈词："有我溥伟在，大清不会亡！"并与肃亲王善耆等人组织"宗社党"，坚决反对清帝退位，对抗革命。在宗社党主要成员良弼被同盟会会员彭家珍炸死后，皇室亲贵纷纷逃离北京。溥伟来到青岛，试图借助德国势力，却不了了之。第一次世界大战爆发后，日军占领青岛，溥伟在日军的支持下，和善耆搞起"满蒙独立运动"，重建已被解散的宗社党，还在辽东一带召纳土匪，秘密组织"勤王军"，为复辟清室费尽心机。1922 年善耆死后，溥伟来到大连，试图得到日本特务机构满铁公司的支持。据说当时的满铁总裁内田康哉曾向日本内阁建议，扶植溥伟在沈阳登极建立"明光帝国"。迫不及待的溥伟当即前往沈阳皇陵拜谒，祭奠列祖列宗。然而最终的结果却是溥仪出任"满洲国"皇帝，再一次破灭了溥伟的帝王梦。为了复辟大业，溥伟不惜变卖了恭王府内的古玩字画、金银珠宝、土地，乃至王府，耗尽了心力和财力，最后却落了个竹篮打水一场空。1936 年 1 月，溥伟贫病交加，病死于长春一家旅社里。时任伪"满洲国"皇帝的溥仪在爱新觉罗家族内许多亲贵的劝说下，追谥溥伟为恭贤亲王，由其子毓嶦承袭王爵。

◆ 载振

载振（1876—1947），字育周，庆亲王奕劻长子。由于父亲为清末权臣，备受荣宠。载振少年得志，十四岁就获得了头品顶戴，十九岁被封为镇国将军。辛丑和约后，赏加贝子衔。1902 年，受命出使英国出席英国君主爱德华七世加冕典礼，访问了比、法、美、日诸国，历时十七个月。归国后，他将此次出行的日记整理出版，涵盖了访问诸国的行程、外交礼仪、观感，以及各国的商务、学校、工艺、议院、法律、规章制度等，名为《英轺日记》。1903 年，奏请为振兴商务设立商部，被任命为商部尚书。1906 年，东北地区建省，改盛京将军为东三省总督，设奉天、吉林、黑龙江三省巡抚，载振与徐世昌受命查勘边务。时任直隶候补道的段芝贵投其所好，将当时天津名伶杨翠喜送与了载振。不几日后，段芝贵就由候补道一擢而成为署理黑龙江的巡抚，连升三级。御史赵启霖上疏弹劾，载振被迫自请辞职。辛亥革命后，载振一度躲避在上海。1917 年奕劻死后，经时任民国大总统黎元洪特准，载振袭庆亲王爵。1924 年，由于溥仪被驱赶出宫，担心受牵连的载振迁入天津庆王府，从此远离政治，靠银行存款利息和变卖家产过着奢华生活。1947 年 12 月病故于天津。

载振有四子：长子溥钟、次子溥锐、三子溥钧、四子溥钢。

1911 年初，清政府举行新军陆军校阅，图为参加陆军校阅的清廷和北洋新军要员的合影。左起：荫昌、载涛、载洵、载润、载涛、麟光、帕勒塔、谭学衡。

载振着补服像

载振福晋与外国公使夫人合影

◆ 载泽

载泽（1868—1929），康熙十五子愉恪郡王允禑之五世孙，过继给嘉庆帝五子惠亲王绵愉之四子奕询为嗣，袭辅国公，晋镇国公，加贝子衔。由于娶了慈禧太后二弟承恩公桂祥次女静荣为妻，因此载泽也成为清末地位显赫的王公贵族，历任度支部尚书、督办盐政大臣、度支大臣等要职。1905 年 11 月，载泽与尚其亨、李盛铎、戴鸿慈、端方等被任为出洋五大臣，分两路考察西洋宪政。载泽与山东布政使尚其亨、顺天府丞李盛铎于 1905 年 12 月 11 日离京，历时半年余，重点考察了美、德、俄、日、英、法等国。回国后，载泽著有颇具史料价值的《考察政治日记》。辛亥革命爆发后，载泽暗地积极参与宗社党活动。

载泽有一子：溥瑛。

◆ 毓朗

毓朗（1864—1922），乾隆帝长子定安亲王永璜五世孙，定慎郡王溥煦次子。1876 年赏戴二品顶戴花翎，1907 年袭多罗贝勒。历任鸿庐寺少卿、光禄寺卿、内阁学士、巡警部左侍郎、民政部左侍郎、步军统领等职，1910 年授军机大臣。1922 年去世，谥曰“敏达”。

朗贝勒有二子：长子恒尧、次子恒辞。

◆ 良弼

良弼（1877—1912），字赉臣，觉罗，伊里布之孙。早年丧父，与母亲相依为命。1899 年由湖北省选送赴日留学，1903 年毕业于日本陆军士官学校步兵科。回国后入练兵处，1906 年主持保定陆军学堂校务，1907 年任陆军部军学司司长，1908 年授禁卫军第一协统领，实际负责管理禁卫军。1909 年擢升禁卫军训练大臣。作为清末皇族中难得的军事人才，良弼在当时的政坛上颇为活跃。辛亥革命爆发后，他与溥伟、铁良等组织“宗社党”，坚决反对清帝逊位，因此被视为革命党的主要敌人之一。1912 年 1 月 26 日，在回家途中遭同盟会杀手彭家珍炸伤，两天后不治身亡。

良弼像

载泽十九岁骑马照

左图　乾隆长子永璜五世孙毓朗补服像

下图　毓朗贝勒福晋（前排左四）、毓朗大女儿恒慧（前排左五）等合影。毓朗的二女儿（后排左一）后来成了那桐的继妃，毓朗的小女儿叫恒馨（后排右一），她的养女婉容为溥仪的皇后。

光绪末年成立的巡警部部分人员合影。前排左四为首任尚书徐世昌、左三为左侍郎毓朗、左五为右侍郎赵秉钧。

贵胄学堂的皇族集体亮相

清王朝末年，为了重整旗鼓，朝廷曾在军事方面做出了较大努力，试图通过建立近代军事学堂来培养一批忠于朝廷的军官，创办陆军贵胄学堂便是其中最重要的举措之一。

1905 年，在一些大臣的建议下，朝廷决定参考日本学制，设立贵胄学堂，专门在王公大臣子弟中培养军事人才。1906 年 4 月，根据练兵处、兵部先前奏呈的章程，拟议改建原神机营旧署为贵胄讲堂学舍。但因该处地方狭窄，无法扩展，不利于学员军事操练，故又另外选择“德公府”为新校址。“德公府”即德茂府第，位于铁狮子胡同东口路北，即今张自忠路“段祺瑞执政府”旧址所在地。5 月 27 日，陆军贵胄学堂落成。陆军贵胄学堂试办章程明确规定：贵胄学堂隶属于练兵处，专门考收王公世爵暨四品以上宗室、现任二品以上京外满汉文武大员之聪颖子弟，教以普通学术及陆军初级军事学，并入军队观察学习。统计学期，以五年为毕业。可见，贵胄学堂的学员主要来自于满、蒙、汉世爵大臣及其子弟，是一所培养新式军事人才的贵族学校。

1906 年夏，陆军贵胄学堂开始招生，“北洋三杰”之一的冯国璋被任命为贵胄学堂总办。入学的学员由三部分组成，一是“年长不合定格与充当差事之王公世爵”，称为“听讲王公世爵”，如摄政王载沣、恭亲王溥伟等 34 人，主要是入堂听讲，并把学堂当作研究兵学场所；二是“听讲员”，即够不上王公世爵，但又有一定年龄和资历者；三是学员。学堂计划招生 160 名，“俟入学三个月后，严行甄别一次，酌留 120 名为定额”。贵胄学堂学员于 1909 年 10 月 23 日毕业，摄政王等听讲人员也领到了毕业文凭，一并刊入编成的《陆军贵胄学堂同学录》。从学堂正式开学到 1912 年 3 月停办，贵胄学堂前后培养了两期学员，大概 330 名。

从流传下来的相册形式的《陆军贵胄学堂同学录》可以看出，在总共 160 名学员中，属于爱新觉罗家族的王公子弟就占了 89 人，其具体名单如下：

有爵位者（24 人）

载沣，监国摄政王

溥伟，和硕恭亲王

讷勒赫，多罗顺承郡王

载洵，郡王衔多罗贝勒

载涛，郡王衔多罗贝勒

毓朗，多罗贝勒

溥佶，奉恩镇国公

庆亲王奕劻（前排左四）与陆军贵胄学堂人员合影

毓璋，奉恩镇国公
全荣，奉恩镇国公
溥钊，奉恩镇国公
溥葵，奉恩辅国公
意普，奉恩辅国公
宪章，不入八分辅国公
宪德，不入八分辅国公
载抟，不入八分辅国公衔镇国将军
载勃，镇国将军
乐泰，镇国将军
安龄，镇国将军
溥荃，辅国将军
宪平，头品顶戴应封宗室
兴瑞，奉恩将军
庆恕，奉恩将军
松瑞，奉恩将军
朴厚，奉恩将军

宗室（65人）

柏昆、宝文、长缜、常贵、常纪、存昌、德通、德祐、丰甲、广朴、广勤、贵梁、桂英、恒垺、恒敬、恒绪、恒寅、厚良、济昌、继质、乐钦、连通、麟湝、麟瑞、溥经、溥琳、溥露、麒昌、谦顺、庆愈、荣华、荣良、瑞麟、萨佑、善铎、世昌、世纲、松溥、松生、铜锟、文林、文铭、文桐、文瀛、希敬、锡泉、熙昌、岫林、颐庆、奕元、玉辉、玉昆、毓彩、毓翰、毓简、毓麟、毓年、毓平、毓逖、毓英、毓庄、载武、志庚、志瀚、志清。

陆军贵胄学堂全体学员合影

陆军贵胄学堂学员训练情形

陆军贵胄学堂学员训练情形

陆军贵胄学堂学员训练情形

陆军贵胄学堂学员训练情形

陆军贵胄学堂学员训练情形

有爵位者八人

《陆军贵胄学堂同学录》中的学员像，兹选登其中有爵位者八人的照片。

鎮國將軍安齡

不入八分輔國公銜鎮國將軍載掞

鎮國將軍樂泰

奉恩將軍樸厚

奉恩鎮國公溥信

輔國將軍溥荃

多羅順承郡王訥勒赫

奉恩鎮國公毓璋

宗室八人

《陆军贵胄学堂同学录》中的学员像，兹选登其中宗室八人的照片。

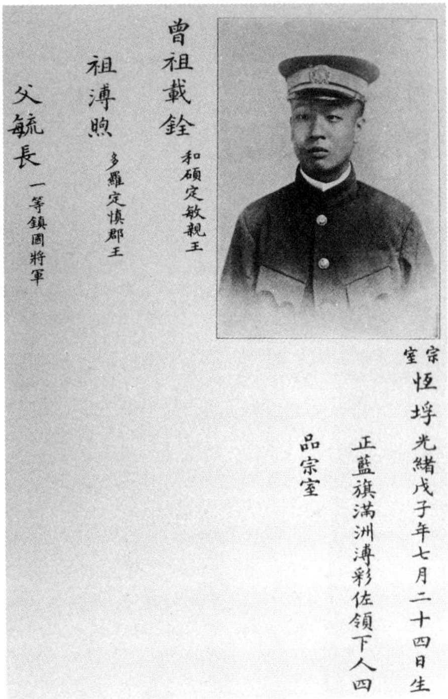
宗室 恆埒 光緒戊子年七月二十四日生正藍旗滿洲溥彩佐領下人四品宗室
曾祖載銓 和碩定敏親王
祖溥煦 多羅定慎郡王
父毓長 一等鎮國將軍

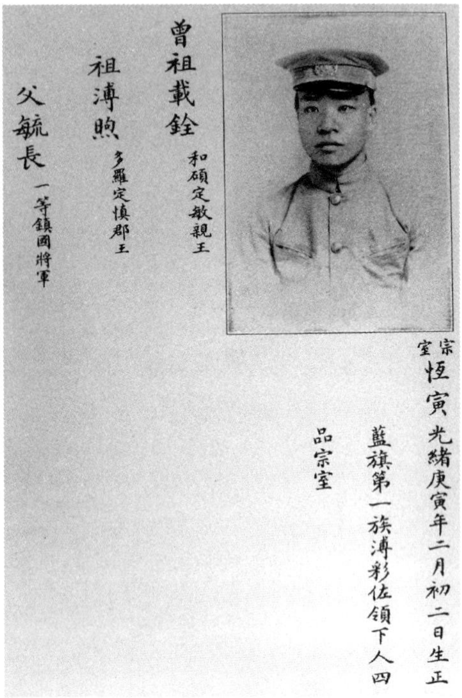
宗室 恆寅 光緒庚寅年二月初二日生正藍旗第一族溥彩佐領下人四品宗室
曾祖載銓 和碩定敏親王
祖溥煦 多羅定慎郡王
父毓長 一等鎮國將軍

宗室 長縝 光緒戊子年十二月二十二日生正藍旗第五族廣裕佐領下人四品宗室
曾祖耆英 原任文淵閣大學士
祖慶賢 宗人府理事官
父德祜 花翎三品頂戴 記名簡放繁缺知府禮部員外郎

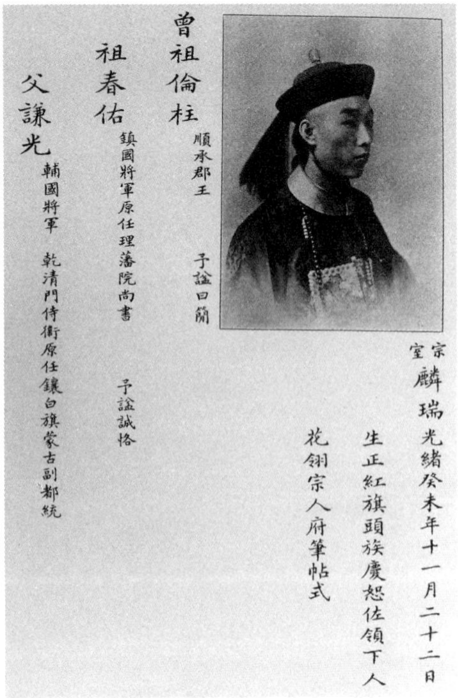
宗室 麟瑞 光緒癸未年十一月二十二日生正紅旗頭族慶恕佐領下人花翎宗人府筆帖式
曾祖倫柱 順承郡王 予謚曰簡
祖春佑 鎮國將軍原任理藩院尚書 予謚誠恪
父謙光 輔國將軍 乾清門侍衛原任鑲白旗蒙古副都統

宗室 恆敬 光緒辛巳年八月二十一日生
鑲藍旗第五族宗室松海佐領
下人理藩部主事

曾祖愛仁 輔國將軍　晉封鄭親王
祖廉至 奉國將軍原任察哈爾都統
父耆徵 奉恩將軍前吉林副都統

宗室 慶愈 同治壬申年八月十九日生正
紅旗頭族慶恕佐領下人光緒
己丑　恩科舉人二品廕
生吏部即補主事
賞加副都統銜卓異　記名副都統原任

曾祖恆昌 多羅順承慎郡王
祖倫柱 多羅順承簡郡王
父春岱 奉恩將軍花翎軍功
保定府城守尉

宗室 溥經 光緒丁亥年九月十四日生鑲
紅旗近支第三族定壽佐領下
人四品宗室

曾祖綿革 和碩莊質親王
祖奕仁 和碩莊厚親王
父載勛 已革和碩莊親王

宗室 希敬 光緒丙戌年十二月三十日生
鑲藍旗第五族松海佐領下人
四品宗室

曾祖愛仁 奉國將軍　追封鄭親王
祖廉至 奉國將軍原任察哈爾都統
父耆徵 奉恩將軍前吉林副都統

第六章

跌落凡尘

清朝覆亡，祖宗的基业没了，曾经的天潢贵胄跌落凡尘。民国以降，爱新觉罗家族整体上日趋没落，许多人过着落魄不堪的生活，但也涌现出了一大批杰出的艺术家，更多的人转型为自食其力的普通公民。

“朱雀桥边野草花，乌衣巷口夕阳斜。旧时王谢堂前燕，飞入寻常百姓家。”——这首出自唐代大诗人刘禹锡之手的《乌衣巷》堪称千古绝唱。简短的四句话，极富深意地道出了往昔天潢贵胄的最终归宿，而曾经历了两百年辉煌的爱新觉罗皇族又何尝不是如此呢？

清朝灭亡，民国建立。与中国历史上绝大多数改朝换代不同的是，在这次政权更迭中，爱新觉罗家族幸运地躲过了流血革命，得以平安地跨入另一个时代。然而无论是社会地位还是经济处境，曾经的那些天潢贵胄，已多半不是从前的样子。祖宗的基业没了，从“黄带子”一下跌落到凡尘，这等差距绝对不是我们今天的人所能体会得了的。鉴于当时的形势，不少人只能隐姓埋名。不少爱新觉罗氏都将其后代的姓氏改为金、赵、肇、罗、艾等，还有的则直接使用其排行辈分如“启、恒”作为姓氏，代代相传，爱新觉罗氏的后人就这样散落在了民间。

一般人家或是靠务农，或是靠经商为生，这些天潢贵胄的后裔们却鲜有具备某种谋生技能的。因为八旗制度的特点就是对于其成员实行一种特殊的供给制，同时又对其成员所从事的职业进行严格的限制。作为帝室宗亲，自当专心致志为王朝服务。因此清王朝规定他们不得擅自离京，更不得从事其他职业。若是国家富强，这样的做法当然可以保证大家的生活。可是到了民国，一切都变了。天潢贵胄们发现，此时已经没有什么“八旗制度”再来保护自己。从前是根本不用过问什么“柴米油盐酱醋茶”，可现实逼迫着他们必须改变这种状态，要靠自己的力量去谋生。

民国时期，爱新觉罗家族涌现出不少文化界精英。清代是一个重视文化的朝代，爱新觉罗家族对于中国文化的传承与延续做出了极大贡献。皇族成员比一般人有更多的机会接触到宫内的奇珍异宝，有更多的机会接受最为传统也最为完备的教育。在从小的不断学习、训练下，他们大多有较高的传统文化素养和文学素养。不仅如此，一大批皇族子弟还是艺术圈里的高手，他们擅长书画，精通文玩，这都是别人无法比拟的。自清代中期以来的这种传统，被一直保留到了清末民初。正因如此，到民国时期，虽然爱新觉罗家族整体上已日趋没落，许多人过着落魄不堪的生活，但也涌现出了一大批杰出的艺术家，如溥儒、启功等就是其中的代表。

清朝灭亡后，也有极少数爱新觉罗家族的成员不甘心退出历史舞台，曾积极参与封建复辟活动。更有甚者，一部分人后来还在日本人的策划下替伪“满洲国”效力，最终沦为汉奸，比如金璧辉、熙洽等人。不过相比于庞大的爱新觉罗家族，这些人毕竟不是主流。中华人民共和国建立后，在新的形势下，爱新觉罗家族已整体转型为普通公民，在各行各业中扮演着各自的角色。

辛亥革命后，清王朝的统治宣告终结，爱新觉罗家族乃至整个满族也由此经历了剧烈的时代变迁，本页图为民国时期的满族妇女。

适应新时代的代表——载沣兄弟

◆ 超脱于政局变迁的末代摄政王

与爱新觉罗家族内个别一心图谋复辟者不同，清帝逊位之后，曾经的摄政王载沣只求维持对皇室的优待条件不变，自己则生活得十分低调。即便是1917年张勋复辟的闹剧上演时，载沣也只是冷眼旁观，自始至终都未曾参与。后来溥仪潜往东北，不少宗室亲贵纷纷趋之若鹜，唯独载沣极力反对，认为“凶多吉少”。伪“满洲国”建立后，溥仪一再让他举家迁往东北，日方代表也屡次前来劝说他前往长春，但载沣始终犹疑不定，甚至一直把最小的儿子溥任和最小的两个女儿韫娱、韫欢留在身边不放。虽然在王朝末年执政时魄力稍逊，但在民国年间复杂的局势下，载沣能够迅速看清形势，从此不再过问政治，不似其他宗室犹作困兽之斗，也算识时务者为俊杰了。

1925年正月，孙中山先生突然造访醇王府，拜访载沣这位被革命推翻的皇族权势人物。孙中山先生赞扬载沣在武昌起义中毅然辞去摄政王之职是具有远见的爱国行为，能以国家和民族利益为先，舍去家族利益，在“逊位”后态度冷静，视复辟而不见，更是难能可贵；同时对载沣因多方掣肘未能除去袁世凯表示了理解，这令载沣深受感动。孙中山还特意在两人的合影上亲笔题写了“醇亲王惠存，孙文赠”。没想到仅仅一个多月后，孙中山竟溘然长逝，载沣听闻消息后十分悲痛。

在满族亲贵之中，载沣属于能够较快接受新事物的那类人。作为民国时期爱新觉罗家族中地位最尊者，载沣却是最早剪掉辫子的那拨人之一。他为人宽厚，生活简单，十分享受“有书真富贵，无事小神仙”的日子。到中华人民共和国成立后，载沣的生活受到国家照顾，他还把王府的金印、银册等四十多件珍贵文物和《廿四史》等七千多册图书捐献给国家。1951年2月病故，葬于北京西郊福田公墓。与其胞兄光绪帝载湉及其子宣统帝溥仪相比，载沣的结局也算是一种幸运吧。

周恩来总理曾对载沣做出过公正全面的历史评价：载沣身不由己做了摄政王，在其位时也算尽了力；辛亥革命后，他主动辞去监国摄政王的职位，既没有主张对革命进行武力反抗，也没有站出来反对宣统皇帝“逊位”，后来也没有参加过复辟活动，相当难得；尤其是没有屈从日本人的一再劝诱，坚持不去东北，充分表现了民族气节、政治胆识和魄力，更属难能可贵。

◆“涛贝勒”的别样人生

身为末代摄政王载沣的亲弟弟，贝勒载涛的性情乃至境遇都与其兄颇有几分相似。进入民国以后，根据当时议定的清室优待条件，家境殷实的载涛过起了深居简出的闲散生活。载涛的

民国时期载沣同家人合影，这位末代摄政王性情恬淡，注重家庭亲情，可谓超脱了政局的变迁。后排左起：载沣长女媪媖、载沣、载沣次子溥杰。前排左起：载沣五女韫馨、载沣三女韫颖、载沣四子溥任、载沣六女韫娱、载沣七女韫欢、载沣次女韫和、载沣四女韫娴。

前排左起：韫欢、载沣、韫娱。后排左起：溥任、韫娴、韫和、溥杰、韫颖、韫馨。

别号“野云”，是他这一时期生活的绝佳注释。他或在府邸演戏养花、养鸟养鱼，或到马场赛马，或骑上自行车在北京大街小巷转悠，做的全是自己喜爱的事情。

1924年冯玉祥发动北京政变，逐溥仪出宫后，清室优待条件也随之不复存在，北京城的宗室一下子没了生活来源，日子越来越紧巴。载涛当然也不例外，先是卖掉了后海豪华的涛贝勒府，在宽街的山老胡同购置了一处较小的宅院，好歹维持着生活。中华人民共和国成立前的几年，北平物价飞涨，中央银行发行的“关金票”“金圆券”形同废纸，载涛家一度连吃玉米面的生活都难以维持。为了维持生计，载涛只好悄悄把家中破旧衣物、什物变卖给走街串巷摇小鼓收买估衣的小贩，以贴补家用。后来，他干脆将家中用处不大或者暂时用不着的旧衣衫一一打点包好，次日便与夫人一起骑上自行车到德胜门外的小市摆地摊，涛贝勒的名声很快就在此处的小贩中传开了。这种依靠卖破烂为生的日子几乎持续了一年多，堂堂皇叔卖破烂也算是世间少有了吧，但载涛却认为自己一不偷、二不抢，一点儿也不丢人。在此期间，载涛曾有两次“翻身”的机会。第一次是在伪“满洲国”成立后，前清皇族中的许多成员纷纷前去投靠旧帝。作为皇叔的载涛却一再拒绝了侄儿溥仪的劝说，坚称：“我不去当亡国奴！”第二次是在日军投降前夕，载涛当年的老朋友、伪华北政务委员会委员长王揖唐希望载涛能出山帮他一把，同样被其婉言谢绝了。

载涛从十几岁起学习骑马射箭，还曾在法国索米骑兵学校进修过。他不仅骑术精湛，而且对马深有研究——他只看一眼就能说出一匹马是几岁口，并凭直观快速分辨出是骑马、驭马、驮马，还是耕马，同时对马种改良也颇有造诣。七七事变后，日军侵占北平城后，剥夺了中国人骑马的权利。载涛一气之下把马卖掉了，车也卖掉了，从此不再骑马。直到1950年6月，载涛受邀参加政协第一届全国委员会第二次会议，才得以再次发挥自己的专长，提交了一份“拟请改良马种，以利军用”的议案。周恩来总理对这一提案非常重视，很快交给了毛泽东主席。毛泽东对载涛赤诚的爱国之心、渊博的军马知识十分赞赏，8月10日亲自签署任命状，任命载涛为中国人民解放军炮兵司令部马政局顾问。从担任宣统朝军谘府大臣、禁卫军训练大臣的王爷，一下子成了中国人民解放军的一员，这个变化不可谓不巨大。感到新生的载涛对自己的工作极其认真负责，不辞辛劳，先后到东北牡丹江，西北青海、甘肃、新疆等地军马场视察和指导工作。不久之后，他又当上了全国政协委员。1954年、1959年、1964年，载涛又连续三届当选为中华人民共和国全国人民代表大会代表。1956年，老先生以古稀之龄加入了国民党革命委员会。入党介绍人李济深、张联芬对他做出了这样的评语：“本表申请入党人虽系清代贵族，从辛亥革命后，已为平民化。解放以后首先加入全国政协，任马政局顾问，对改良马种的建议，尤多献替。后又膺选为人代大会满族代表，有代表性。思想上有进步要求，特为介绍加入我党组织。”

载涛作为光绪帝的胞弟、宣统帝的叔父，德高望重，平易近人，又热情为家族成员办事，因此中华人民共和国成立后一直被视为爱新觉罗家族的“族长”。1970年9月，载涛因病在北京逝世，终年八十四岁，骨灰安放在北京八宝山革命公墓。

“末代皇叔”载涛年轻时曾赴欧美考察军事，民国时自甘平淡，过起平民生活。图为当年李经迈、载涛、良弼在欧洲留影。

溥仪及其家人的起伏人生

作为大清朝最后一位皇帝，溥仪在登极时只有三岁，并且很快就被迫退位，只是在紫禁城里又当了几年小皇帝。民国时期，他的生活可以说经历了极为剧烈的变迁。因此，特殊的身份和特殊的经历，加上对外界因素难以分辨，终于导致他走上了一条特殊的人生道路。

1912 年 2 月 12 日，隆裕皇太后颁布《退位诏书》，宣统皇帝退位，清王朝由此结束了对中原 268 年的统治。根据民国政府对清朝皇室承诺的优待条件，逊位后的溥仪不但每年可获得 400 万元的费用，还获准继续居留紫禁城，保留一个小朝廷。1917 年 6 月，“辫帅”张勋以调解段祺瑞代表的国务院与黎元洪代表的总统府之间的矛盾为名，率定武军四千人入京，把黎元洪赶下台。7 月 1 日，张勋请出十二岁的溥仪宣布复辟。一时之间，北京城被闹得人心惶惶。然而在随后同段祺瑞“讨逆军”的交战中，“辫子军”一触即溃。12 日，张勋被迫逃入荷兰使馆避难，而溥仪也于第二天宣布第二次退位。由于当时年幼，溥仪并没有受到民国政府的追究，又继续过了一段时间的平稳生活。随着年龄的增长，这位末代皇帝也逐渐接触新鲜事物，增长见识，表现出了难得的开放思想。特别是因受其英文教师庄士敦的影响，溥仪不但学习英文、数学、世界史、地理等知识，还开始穿西服、骑自行车、坐汽车、逛大街。1922 年，溥仪大婚，娶一后一妃，皇后婉容，妃子文绣。

1924 年 11 月 5 日，发动北京政变后的国民革命军将领冯玉祥宣布废除清室优待条例，并派鹿钟麟带兵入紫禁城逼溥仪离宫。无奈之下，溥仪在生父载沣的醇亲王府住了一段时间，继而又逃进日本公使馆。1925 年 2 月，溥仪移居天津租界的张园和静园，与清朝遗老遗少以及张作霖、段祺瑞、吴佩孚等往来密切。

1931 年，九一八事变后，溥仪在日本驻屯军司令官土肥原贤二等人的帮助下，从天津秘密潜至旅顺，不久到奉天。1932 年 3 月，日本扶持溥仪在东北建立所谓的伪“满洲国”，溥仪任执政，年号“大同”。1934 年，溥仪在日本的扶植下改国号为“满洲帝国”，改称“皇帝”，年号“康德”。

溥仪在担任伪“满洲国”皇帝期间，拱手将东北丰富的矿产资源任由日本侵略者掠夺，所有政府事务均由日本关东军掌控，而他本人实际上充当着傀儡的角色，其命脉掌握在日本占领者关东军手中。

1945 年 8 月，苏联对日宣战并进攻伪“满洲国”，伪满政权随即覆灭。8 月 15 日，日本宣布无条件投降，溥仪随即颁布《退位诏书》。此后溥仪在准备前往日本时，在奉天机场被苏联红军抓获，随后被押往苏联监禁了五年。在苏联拘押期间，溥仪曾作为证人出席远东国际军事法庭。1950 年 8 月 1 日，溥仪与其他 263 名战犯在绥芬河由苏联政府移交给中国政府，被送往抚顺战犯管理所接受改造。1959 年 9 月 17 日，第二届全国人民代表大会常务委员会第九次会议根据毛泽东的建议通过了关于特赦确实已改恶从善的罪犯的决定。随后，刘少奇发布《中华人民共和国特赦令》。12 月 4 日，溥仪作为首批特赦战犯重获自由。

帝王家的亲情与寻常人家大不相同，更多被湮没在等级森严的君臣关系里。末代皇帝溥仪自三岁入宫，贵为天子，几乎就与亲情无缘了。

溥仪兄弟姐妹一共十一个，为两个母亲所生，其中有两个夭折。溥仪与自己的这些弟弟妹妹第一次相见是在 1917 年，那年溥仪十一岁。据记载，宫中的太妃们决定让溥仪的祖母和母亲进宫“会亲”。据溥仪在《我的前半生》中所记，故宫会亲那天，溥仪的二弟溥杰和大妹韫媖也跟着进宫来陪溥仪玩了几天。起初，溥杰二人十分拘谨，“规规矩矩地站在地上，一动不动地瞅着，就像衙门里站班的一样”。溥仪将二人带到自己居住的养心殿，开始一块儿玩捉迷藏。三人一度玩得非常开心，高兴得又笑又嚷。可当溥仪无意中瞅见溥杰的内衣居然很像帝王才能使用的明黄色时，立刻恢复了他帝王的身份，根本不听溥杰的解释，刚刚融洽的兄弟情立刻在溥杰的惊惶之中荡然无存。此后，这样大型的会亲再也没有了。

溥仪在日本人扶持下成立伪“满洲帝国”后，其二弟、二妹、三妹、四妹、五妹也跟着去了东北，唯有最小的弟弟溥任，最小的六妹韫娱、七妹韫欢被父亲载沣强留在身边。九一八事变后，溥任曾陪同父亲去过一次东北，看望溥仪和溥杰。当载沣看到他们处处受制于日本人以及飞扬跋扈的关东军，痛心之余更不愿留在东北，遂装病不吃东西才得以脱身回到北京。1945 年抗日战争结束后，溥仪、溥杰、溥仪的三妹夫、五妹夫和三个侄子都被带到苏联改造，兄妹从此一别就是十几年。

1955 年夏天，在抚顺战犯管理所改造的溥仪开始了同弟弟妹妹的通信联系。在政府的关心下，1956 年 3 月，溥仪和一同改造的二弟、三妹夫、五妹夫和三个侄子见到了别离十多年的七叔载涛和三妹、五妹。

1959 年 12 月 9 日，获释后的溥仪回到了阔别三十五年的北京。此后，溥仪和弟弟妹妹们联系一直十分频繁，感受到了当皇帝时所缺乏的家族亲情。

逊位后的小皇帝溥仪，摄于 1917 年张勋复辟时紫禁城御花园天一门前。

溥仪与父亲及弟弟在摄政王府合影。左起：载沣、溥仪、溥杰、溥任。

溥仪与兄弟们合影。左起：溥杰、溥仪、润麒。

婉容（右四）、文绣（左三）与溥仪的大妹韫媖（右三）、二妹韫和（右二）、三妹韫颖（右一）、四妹韫娴（左二）、五妹韫馨（左一）、四弟溥任（居中，婉容前）合影。

溥仪、婉容婚照

1924 年被逐出皇宫后，在天津暂避的溥仪。

1925 年 2 月，婉容（前排右二）、文绣（前排左三）在日本公使馆庭院内与家人合影。前排左起：婉容外祖母毓朗夫人、王敏彤、文绣、日本公使芳泽谦吉之女、婉容、日本人。后排左起：朗贝勒府大格格恒慧、溥仪大妹韫媖、朗贝勒府五格格恒馥、朗贝勒府二格格恒香（婉容母）。

溥仪和弟妹与天津“万寿节”的来宾合影。第一排右四婉容、第二排左四润麒母亲恒香、左三婉容英文教师任萨姆、第三排右一溥仪老师庄士敦、第四排左一日军参谋三野友吉、左二英国记者伍德海、左四英国军官柏卡德少校、第五排左二日本总领事官吉田茂。

溥仪与家人合影。左起：韫馨、韫颖、溥仪、溥任、载沣、韫和、韫娴。

溥仪军服照，后来他投靠日本人成了伪“满洲国”康德皇帝。

二战结束后，被苏军俘虏的溥仪曾在远东国际军事法庭上作证。

成功转变身份的皇族成员

书画界名人

◆ 溥伒（雪斋）

民国时期，在爱新觉罗家族的“溥”字辈中涌现出不少著名的艺术家，溥伒就是其中之一。

溥伒（1893—1966），字雪斋，号松风主人，晚年常以字行于世，故“溥雪斋”这个名字更为知名一些。其祖父为道光帝五子奕誴，父亲为贝勒载瀛。溥雪斋自幼酷爱文学艺术，尤其擅长书法绘画，曾在辛亥革命后的一段时间内以书画为生，与其五弟溥僩（溥毅斋）、六弟溥佺（溥松窗）、八弟溥佐并称“溥氏四杰”。

1924年溥仪出宫后，他与溥心畬（号松巢）、溥毅斋（号松邻）、关松房（号松房）、惠孝同（号松溪）等人共同创立近代著名国画团体——松风画会，并被推为掌门人。溥雪斋擅长画水、马、墨兰，其山水画主要受清代宫廷画风的影响，以细笔山水和青绿山水为主，风格细腻雅致，线条钩摹十分清晰。在书法方面，溥雪斋融米芾、赵孟頫于一体，神韵潇洒而又谨严。除了在绘画上的造诣外，溥雪斋在古琴方面的功力也极其深厚，曾与张伯驹、管平湖等人成立北京古琴研究会并担任会长。1930年，溥雪斋出任辅仁大学美术系教授兼系主任，培养了大量艺术人才。中华人民共和国成立后，曾被聘为北京市文史研究馆馆员、北京市美协副主席、北京市书法研究社副社长、北京画院名誉画师等。

◆ 溥儒（心畬）

民国时期爱新觉罗家族还曾涌现出一位著名书画大家，当年与张大千并称“南张北溥”，“北溥”即溥儒。

溥儒（1896—1963），字心畬，号西山逸士，恭亲王奕䜣次子载滢之子。他自幼便学习书法，五岁奉召谒见慈禧太后时便已经能作对联了，后又学诗学文，十几岁就被誉为“皇清神童”。清帝退位后，溥心畬入清河大学就读，后长期隐居在西山戒台寺潜心习画读书。1924年，他迁回恭王府的萃锦园居住，由此涉足北京画坛，与张大千等人开始来往。1925年，溥心畬在中山公园举办个人展览，还加入了“松风画会”，与诸位爱新觉罗宗族子弟成为画会成员。1927年起，溥心畬在日本帝国大学执教，名声传播到海外。回国后，溥心畬与夫人罗清媛合办画展，这次画展让溥心畬名声大噪，他被公推为“北宗山水第一人”。溥仪出任伪“满洲国”皇帝后，溥心畬不但拒绝任职，还以著文《臣篇》痛斥溥仪“九庙不立，宗社不续，祭非其鬼，

南张北溥中的“溥”——溥儒（溥心畬）

奉非其朔”。这一时期，在民国政要黄郛的推荐下，溥心畬出任国立北平艺专的国画教授，培养了不少绘画人才。

抗战胜利后，溥心畬一直在“国大”任职。1946 年秋任“满族国大代表”，还组织了“满族文化协进会”，11 月出席“制宪国民大会”。解放战争后迁至台湾，在台湾师范大学执教，1963 年，溥心畬在台北病逝。

戏剧界名人

◆ 溥侗

溥侗（1876—1952），字后斋，号西园，别号红豆馆主，清末民国著名京剧票友，“民国四公子”之一，道光帝长子奕纬嗣子载治之子，因在家中排行第五被称为“侗五爷”。他自幼就对昆曲和京剧怀有浓厚兴趣，并一直苦练基本功，遍投名师。在众位高人的指点和自己的悉心努力下，终于达到了“文武昆乱不挡，生旦净丑兼工，戏曲音乐深谙，吹拉弹唱无所不能”的境界。在《群英会》这部剧中，溥侗居然能够扮演周瑜、鲁肃、蒋干、曹操、黄盖五个角色，且各个技艺精妙，出神入化；在《奇双会》一剧中，溥侗又能演赵宠、李桂枝、李奇三角，均甚出色。正因为如此，当时的人都称他为“票界大王”“票界领袖”。除了戏剧之外，溥侗在文学、音律、金石各个方面均有深厚造诣。值得一提的是，清朝末年所颁布的法定国歌《巩金瓯》，正是由溥侗作曲。民国时期，溥侗曾担任“乐律研究所”所长及清华大学、女子文理学院教授，还曾担任国民政府蒙藏委员会委员、国民党候补中央监察委员等职。

◆ 华粹深

华粹深（1909—1981），豫亲王多铎十世孙，内阁学士宝熙之孙。他毕业于清华大学中文系，曾受业于朱自清、俞平伯、溥侗等众多名家，并在学生时期就开始了自己的戏曲创作，曾发表过京剧著作《哀江南》，还参加过溥侗组织的昆曲社。

华粹深将毕生的精力大都投入到了戏曲教育事业，自大学毕业之后先后任教于中华戏曲专科学校、北京大学、南开大学。中华人民共和国成立后还曾担任天津戏曲学校副校长，可谓桃李满天下。华粹深与梅兰芳、程砚秋、尚小云等人交往很深，相互间经常探讨技艺。他还喜好收藏书画、剪纸以及唱片，据说仅名贵唱片就收藏了千余张。作为一名爱国者，其祖父宝熙担任伪满政权的参议府参议、宪政委员等要职时，曾希望华粹深一同到新京，对此他毅然拒绝。中华人民共和国成立后，他曾担任天津市民族事务委员会委员。1957 年，华粹深与俞平伯合作，成功改编了历史剧《牡丹亭》。几十年来，经过华粹深整理、改编、创作的剧目为数众多，比较知名者如《陈胜吴广》《正义援邻》《窃符救赵》。

◆ 春元

春元（1886—1950），礼亲王代善后裔，袭爵奉恩将军。他从十三岁起便立志学戏，曾先后师从张小山学《九龙山》里的杨再兴，师从茹莱卿、姚增禄学习《石秀探庄》《雅观楼》《雄州关》等戏，师从曹心泉学习《奇双会》等戏。十七岁时便能独当小生戏，后正式拜师德珺如成为专业演员，自己也改名为金仲仁。在名师的指导下，春元进步神速，他戏路宽博，能文能武，加之字正腔圆的发音与俊秀的扮相，其名声很快便响彻了京城，成为著名京剧艺术家。

春元与众多京剧界名家友谊深厚，并多次与他们合作登台，曾与王瑶卿合作演出《珍珠烈火旗》《十三妹》《得意缘》《雁门关》等剧目，还曾辅助荀慧生创排《红娘》《香罗带》等戏。1915 年袁世凯称帝时，曾用高官厚禄力邀这位皇室后裔加盟，但被他拒绝。

◆ 溥绪

溥绪（1882—1933），末代庄亲王，民国著名戏剧编剧。为了谋生，他还隐去了爱新觉罗这个皇族姓氏，改名庄清逸，号清逸居士。

庄清逸自幼酷爱京剧，并且能登台演出，善演文武生，尤其饰演《拿高登》中的高登和《狮子楼》中的武松，更是拿手绝活。他熟谙梨园掌故，家中收藏了大量南府、升平署剧本档案和梨园旧抄本，曾撰有《南府之沿革》一书。民国初年，他先是为京师各报撰写剧评，后因生活日益窘迫，干脆专事戏曲研究，为京剧名角们编纂剧本。他有较高的文艺素养，才思敏捷，凭借旗人特有的语言天赋和对京剧艺术的熟谙，先后为尚小云、高庆奎、郝寿臣等京剧表演艺术家创作了京剧剧本三十余出，成为当时有名的京剧剧作家，为京剧艺术的发展做出了不可磨灭的贡献。例如著名的京剧《野猪林》，就是他与武生宗师杨小楼合作，将这个水浒故事搬上京剧舞台的。由于庄清逸长期观剧票戏，通晓舞台排场，所以他的剧本多为“场上之曲”，非常适宜排演。他创作数量惊人，当时甚至有“一日可成一剧”的美誉。特别值得一提的是，正如齐如山之于梅兰芳、陈墨香之于荀慧生、罗瘿公之于程砚秋，庄清逸把很大精力都投入到与“四大名旦”之一尚小云的合作上，先后为其编写的剧本有《李三娘》《林四娘》《千金全德》《摩登伽女》《婕妤当熊》《珍珠扇》《燕子笺》《桃花阵》《相思寨》《花蕊夫人》《白罗衫》《楚汉争》《文君当垆》《谢小娥》，全部《玉堂春》、全部《白蛇传》，《峨眉剑》《空谷香》《前度刘郎》《秦良玉》等。就连《中国京剧史》都曾专门评价庄清逸的剧作：“精于剧本结构，巧于排场关目，其新撰剧本多能演出于舞台。”

沦为汉奸的金壁辉

清朝覆亡后，也有个别爱新觉罗家族的成员不甘心退出历史舞台，有的走上了谋求复辟之路，如溥仪即是代表；而有的甚至为了个人的野心，自愿充当日本军国主义的帮凶侵略自己的国家，沦为彻头彻尾的汉奸，金壁辉即是最典型的代表。

金壁辉（1906—1948），本名爱新觉罗・显玗，肃亲王善耆之十四女。清王朝覆灭后，金壁辉随父亲远赴旅顺，开始在日本人的卵翼下生活。作为父亲的掌上明珠，金壁辉从小就因其独特的个性而被寄予厚望。1914 年，为了感激好友日本特务川岛浪速的恩情，善耆特意将十四格格送给川岛浪速当养女，而年仅八岁的金壁辉便跟随养父前往日本，并在那里度过了自己的少女岁月。

在日本，金壁辉有了个日本名字——川岛芳子。由于从小就受到生父肃亲王仇恨民国意识的影响，跟随养父后又受到了日本对华颠倒是非思想的灌输，川岛芳子一步步树立起“匡复大清，独立满蒙”的“志向”，成长为一名性情乖张、野心勃勃的政治狂人。

1927 年，川岛芳子回到旅顺，按照善耆生前的安排嫁给了蒙古王公巴布扎布的儿子甘珠尔扎布，但不到一年便离家出走。后在日本特务头子土肥原一开办的“国际俱乐部”中接受训练，开始从事间谍活动。1928 年，川岛芳子利用色相从张学良的侍从副官郑某那里套取情报，获知张作霖从北京返回东北的具体路线和日程安排，随即向关东军总部汇报。正是依靠她的情报，关东军成功地在皇姑屯炸死了张作霖。1930 年，川岛芳子受命前往上海，接受日军驻上海特务机关长官田中隆吉的直接指导。1931 年，九一八事变之后，日本关东军将溥仪从天津偷运到大连，而川岛芳子随后则承担了秘密运送婉容的任务。1932 年，川岛芳子又潜往上海参与策划了“一・二八”事变。由于这一系列的“功绩”，川岛芳子被日本国内媒体吹捧为“东方的玛塔・哈莉”（玛塔・哈莉是第一次世界大战中德法两国之间的双重间谍，她最拿手的就是利用自己的姿色去窃取情报）和“帝国谍报之花”。

伪“满洲国”成立后，由于“功勋”卓著，川岛芳子被日本关东军授予陆军少佐军衔，成为日本军中军阶最高的女子。日本方面还将原奉系军阀张宗昌的旧部五千多人交给她，号称“安国军”。从此，川岛芳子又改叫中国名字“金壁辉”。抗战胜利后，国民党政府在北平将金壁辉逮捕，并将其当作头号女汉奸进行了审判。1948 年 3 月 25 日凌晨 6 时 45 分，川岛芳子在北平被枪决，火化后的骨灰被送回日本。至此，这位对自己的国家犯下一系列罪行的女汉奸结束了罪恶而短暂的一生。

肃亲王善耆之女爱新觉罗·显玗，汉名金璧辉，日本名川岛芳子，著名的间谍。右图为一身戎装的金璧辉。

被捕后在法庭上受审的金璧辉

第七章

王府寻踪

尽管只有一少部分皇族成员才有资格拥有王府，但通过两百多年间王府建筑的形成及变迁，可以从一个特殊的角度见证这个家族的兴衰荣辱。

作为爱新觉罗家族辉煌时期最重要的物证，王府无疑是最鲜活的历史印记。尽管只有一少部分皇族成员才有资格拥有王府，但通过两百多年间这些建筑的形成及变迁，可以从一个特殊的角度认识这个家族的兴衰荣辱。更令人唏嘘的是，在时代的更迭与冲击下，绝大多数王府如今早已难觅踪影，极个别有幸留存下来的，也已被各种“戏说”演绎得面目全非。

爱新觉罗家族王府概况

清代自皇太极开始，便对宗室进行分封，最初宗室王爵分为九等，顺治年间调整为十二等，依次为和硕亲王、多罗郡王、多罗贝勒、固山贝子、奉恩镇国公、奉恩辅国公、不入八分镇国公、不入八分辅国公、镇国将军、辅国将军、奉国将军和奉恩将军。清初统治者吸取前朝教训，确定了“诸王不锡土，而其封号但予嘉名，不加郡国”的原则，即诸王没有封地，不外出就藩，只有封号，在京城建府邸居住。据统计，清代诸帝共有皇子 115 人（含嗣子），其中 11 人继承帝位（4 人登极前被封为亲王），被封为亲、郡王者 37 人，袭亲、郡王者 5 人，被追封为太子、亲王、郡王者 12 人。另有 20 位皇族子孙被清代诸帝“功封”或“恩封”为亲、郡王。被封王者即可获赐建府邸居住，由此开启了王府建筑的辉煌时期。在沈阳皇宫周围就曾建有十余座王府，入关后，沈阳的王府大多随迁，并建得更为气派豪华。

顺治时期还确定了袭封制度，即世袭罔替和世袭递降两种。所谓世袭罔替即原等承袭，子孙袭爵时，可以按其父、祖的原等级来承袭，世代相承不变；世袭递降则是每代要递降一个等级来承袭，但由亲王递降至奉恩镇国公、郡王递降至奉恩辅国公、贝勒递降至不入八分镇国公、贝子递降至不入八分辅国公、奉恩镇国公递降至镇国将军、奉恩辅国公递降至辅国将军之后，就不再降了，可以一直承袭下去。鉴于此，北京城内的王府数量并不固定，而是时有增减。

各家王府在清代都是官产，统一由内务府管辖。府第的主人一旦辞世或获罪，后人如果不再袭爵，或者承袭的爵位距离居所等级相差甚远，便要迁移出去，由内务府重新为其安排与其身份相当的住宅。这就意味着，一座王府里住过的王爷一般都不止一位，比如和珅的宅子，就先后住过庆亲王和两代恭亲王。而即便世袭罔替的铁帽子王们，通常也只能由承袭王爵的王子接着居住，其他的家族成员则必须搬出王府。据礼亲王昭梿《啸亭杂录》记载，从顺治朝至嘉庆朝，京城共有王公府邸 89 所，其中有确切位置可指的 78 所；乾隆十五年（1750 年）时《京城全图》中标注王府总计 42 所。到光绪二十五年（1899 年），有记载可查的辅国公以上府邸共有 50 所。有些王府后来被改为寺庙，如顺治初年的睿亲王（摄政王）多尔衮府于康熙三十三年（1694 年）被改建为玛哈噶喇庙，乾隆四十年（1775 年）重修后，次年改名为普度寺。世宗胤禛即位前的府邸于雍正三年（1725 年）被改为雍和宫，乾隆九年（1744 年）又被改为喇嘛庙。怡亲王允祥的府邸于雍正八年（1730 年）允祥死后被改为贤良寺等。清室覆亡后，诸王没有了收入来源，很多靠变卖府邸来维持生计，王府随之纷纷败落。大多数王府在变卖后被不断地拆改、添建，部分沦为居民大杂院，逐渐支离破碎，多数已失原貌，甚至残毁殆尽。据 1959 年北京市文物工作队的普查登记记录，当时尚有清代王府 55 处。之后，随国家建设需要，多数王府被拆除。至 2006 年年底，北京有府址可寻的王公府邸共 46 座，其中孚王府、恭王府及花园、醇亲王府和淳亲王府即英国使馆旧址等 4 座王府被公布为全国重点文物保护单位，郑王府、礼王府、克勤郡王府、顺承郡王府、恒亲王府、宁郡王府、和敬公主府、庆王府、醇亲王府、涛贝勒府、僧王府等 11 座王府被公布为北京市文物保护单位。现存 46 座王公府邸及遗址中，有 21 座位于东城区，25 座位于西城区，而 12 家铁帽子王的王府中，有 8 家在西城区，有 3 家在东城区，一定程度上印证了老北京流传的“东富西贵”的说法。

当时的王府大都集中在内城，但也有个别例外情况。清初摄政王多尔衮的睿亲王府和阿济格的英亲王府设在皇城，在他们被议罪削爵后其府邸即不再为王府。乾隆皇帝的四女和嘉公主的府邸也设在了皇城中，且一直沿用至光绪朝。另外也有设在城外的王府，如昌平的理亲王府。王府的建筑有一套严格的等级标准。如亲王、郡王府可以有五重殿宇，主要建筑可以有七间，可以称殿、称寝。而贝勒以下只能有四重，正房最多只能五间。在建筑的形制上，王府屋脊两端可以采用吻兽，公府则只能够使用低一等级的望兽。凡此种种，皆在表示府主的身份。据《大清会典》记载，王府的基本格局是东、中、西三路并列，其中东、西两路的住房和花园限制相对没有那么严格，可自由配置。但中轴线上的建筑是体现府邸等级差别的所在，所以必须要严格按规制布置，一般为前殿后寝，南北向，以正殿为中心。从各种记载及现存实物来看，所有王府的总体布局大致相同，只是局部稍有差别。一些高规格的亲王府由内务府奉旨筹建，工部负责建造，大多则需王爷们自行筹资兴建，但通常会有一些官员资助钱款或用料，朝廷也会拨部分款项进行修建。如康亲王杰书建府，康熙皇帝就曾下旨命天下资助，甚至府中陈设也系官员献纳。到王朝末期，由于国力衰弱，很多王府府邸常借用民间大宅改造而成，王公的身份只能在大门上有所体现。

毫无疑问，清代王府是清代政治制度、建筑规制的见证，是皇家文化的重要组成部分，也是中国传统文化的一个方面，具有重要的历史、科学、艺术价值。遗憾的是，在历史的变迁中，这些昔日雕梁画栋、如诗如画的王家府邸，除了个别幸存者如恭王府外，多半已难觅旧时踪影，正是：“旧时王谢堂前燕，飞入寻常百姓家。”

铁帽子王府

◆ 代善支脉的三座铁帽子王府

北京城有句老话，叫“礼王府的房，豫王府的墙”，意思是说礼王府的房子多，豫王府的院墙高，侧面反映了礼亲王代善家族在大清王室中的地位。

礼亲王府最初的位置在今天的西四南大街缸瓦市，后来稍稍移位到今西城区西黄城根南街路西，南起大酱房胡同，北至颁赏胡同，占地约三十公顷，原是明代崇祯皇帝的外戚周奎的私宅。清朝入关进驻北京之后，才为代善所有。代善死后，他的第七子满达海袭为巽亲王，此时的王府仍在缸瓦市。康熙年间，康亲王杰书颇受宠，王府得到大规模扩建。据说扩建之初，康熙帝下旨命天下资助，陈设也由各地官员献纳，所以礼亲王府之豪华甲于他府。1778 年，乾隆皇帝恢复礼亲王的封号，康王府改称礼亲王府。1807 年，礼亲王府不幸失火被毁，嘉庆皇帝再度赐银，命其按照原式重修，而重修后的格局也保持到了清末。

在清代所建的诸多王府中，礼亲王府与豫王府同为规模最庞大的建筑群落。根据《乾隆京城全图》记载，整座王府呈长方形，规模雄伟，占地宽广，重门叠户，院落深邃。王府分中、东、西三路，中路为主体建筑，有府门、宫门、银安殿，殿前有丹墀；有两侧翼楼、后殿、两侧配殿；有启门、神殿前出轩、两侧配殿；有后罩楼、两侧转角配房、后罩房，共有房屋五重、院七进。东路由十二进院落组成，是王爷和其家人休息的房间。西路由花园、屋宇等十一进院落组成，亭台楼阁错落有致，设计得十分巧妙。据说整个王府共有房屋、廊庑等 480 余间，要不怎么说“礼王府的房”呢。

1927 年，礼亲王诚堃因经济拮据，将王府前半部售给华北学院作为校舍。华北学院由蔡元培任校长，因属私立而经费拮据，无力对原有建筑进行改建，使王府无形中得以完好保存。在华北学院租用期间，末代礼亲王濬铭全家仅住王府的后半部。1943 年，日本人市谷留治郎介绍将王府售与“满铁”，濬铭携全家迁出。1949 年后，华北文法学院（华北学院后更名为“华北文法学院”）合并到华北大学，华北大学收回王府所有权，之后在这里为国家接管华北地区的机关、企业单位培训了大批干部。如今，礼亲王府内除了中路建筑大多保存完好外，其余部分已面目全非。

礼王府正门。王府正门坐北朝南，五开间，连三踏跺（台阶），十分气派。图中可见前檐柱和前檐金柱，金柱间还悬挂着可以卷起的宽大门帘。

礼王府正门里面。图中可见门的正中悬挂一个硕大的“福”字。每扇门的门钉是七十二枚，比《大清会典》中规定的亲王门钉六十三枚的规格更高一等，比皇宫宫门九九八十一枚的规格略低一等。

礼王府清音斋。厅堂门窗和回廊上的窗格图案，端庄典雅，颇具王府风格。

礼王府中的神殿背面，院子里还有花圃、水缸和独立式影壁小门。

礼亲王宅院内亭榭。亭榭畔有山石池塘和茂盛的花木水草，可以想见当年礼亲王海淀宅院的秀丽。

礼亲王宅院亭廊。1690 年，康熙皇帝在海淀建了畅春园，常住于园内，朝中文武大臣为上朝便利，也纷纷在畅春园的周围买地，修建自己的宅院。礼亲王宅院是其中最早的一个。此院中长廊连通，假山亭台，树木繁茂。

同为代善支系的克勤郡王府和顺承郡王府的命运就更多舛一些。克勤郡王府位于今西城区新文化街西口路北，总建筑面积仅 3717 平方米，在铁帽子王中算是占地面积比较少的，但其建筑相当精致，门面阔三间，大殿五间，东西配楼各五间，后殿三间，后寝五间，后罩房七间。东西各有数进的小院，布局紧凑却不失精巧。民国时期，迫于生计的末代克勤郡王晏森将王府售给了北洋政府前国务总理熊希龄。熊希龄一生热心公益，后以本人与夫人朱其慧的名义，将所有家产交由北京救济会，成立熊朱义助儿童幸福基金社。克勤郡王府被改为小学，1949 年后改为石驸马二小，后又更名为第二实验小学。“文革”期间遭大规模破坏，克勤郡王府至今已面目全非，只有路南影壁尚存，前部只存东翼楼；后部的内门、后寝与东西配房、后罩房均保存完整；西部跨院也存留大部分原有建筑。直到 21 世纪初，有关方面对王府进行修葺，基本恢复了昔日风貌。现如今，克勤郡王府仍旧被北京第二实验小学作为校址利用。

顺承郡王府即现今的全国政协机关所在地，坐落在太平桥大街以西，锦什坊街以东，南临武定胡同，北达大麻线胡同，占地 40 余亩，约合 2.66 万平方米。据《乾隆京城全图》描述，顺承郡王府，中路主要建筑有面阔五间的正门，门左右连接各面阔九间的倒座房；面阔五间的大殿，有丹墀；面阔各五间的东西配楼，有转角廊与大殿连接；面阔三间的后殿；面阔五间的后寝；面阔各五间的东西配殿；面阔九间的后罩楼。东、西路有数进院落，为附属建筑，为不甚规整的生活居住区。整座王府面积大小适中，布局十分严整。末代顺承郡王文葵由于收入来源断绝，不得已将王府出租给皖系军阀徐树铮。直皖战争爆发后，张作霖率领的奉军作为胜利者进入北京，顺势占据了徐树铮居住的顺承郡王府，并在 1921 年以 7.5 万银圆的价格买下了顺承郡王府作为府邸。风流倜傥的少帅张学良正是在这里与赵四小姐演绎了一段著名的爱情传奇。中华人民共和国成立后，政府于 1950 年从张学良的亲属手中购回顺承王府，将其作为全国政协的办公地。1994 年，因全国政协修建新楼，有关部门决定将顺承王府异地搬迁至北京市朝阳公园东侧，这也是北京的铁帽子王府第一次整体异地复建。不过在朝阳公园复建的王府，仅保持了张作霖时期的王府原貌。

◆ 前后两座睿亲王府

睿亲王多尔衮摄政后权倾一时，其府邸建在紧靠紫禁城的南池子东侧南宫旧址。南宫在明代时为皇城东苑，占地一万平方米，本是太子居住的地方。多尔衮利用重华宫旧址，将摄政王府建造得宏伟壮丽，某些方面甚至超过了皇宫。王府的地基高于地面几丈有余，加之殿宇宏伟，四周绕以三十六根檐柱，檐椽为三层。多尔衮每天召集百官来府议事，然后再将已决之议拿到朝廷去走个过场，后来甚至将皇帝发布谕旨的玉玺搬回府中，使得摄政王府成为实际上的全国政治中心，这也成为他死后遭到清算的罪名之一。多尔衮死后，其睿亲王爵位被削，而摄政王府也随之被废弃。直到乾隆年间多尔衮恢复名号之后，朝廷才将这里改建成玛哈噶喇庙，后又

怡亲王府大门

怡亲王府神殿。面宽七间，前有月台和门廊。曾作为北平大学女子文理学院的礼堂。

翻修扩建，改名为“普度寺”（后被民间称为“普渡寺”）。“文革”期间，普度寺连年遭到破坏，建筑被毁，大殿也被改作仓库。随着南池子一带逐渐形成居民区，普度寺更是遭受了严重破坏。山门被改建为粮店，大殿则成为南池子小学的教室和仓库。直到2001年，在有关方面的努力下，普度寺高台上的居民以及大殿里的南池子小学才陆续搬迁撤出。

多尔衮无后，曾将豫亲王之子多尔博过继为嗣，故其复爵后，朝廷便命多尔博五世孙淳颖承袭睿亲王，同时将位于石大人胡同（今外交部街）的淳颖宅邸作为睿亲王新府。睿亲王新府的规模十分宏大，曾有房五百多间。中路建筑如同缩小的紫禁城三大殿，有东西翼楼、银安殿、二道门、神库、安福堂等殿堂。西路为王府花园，东路为宗祠、大厨房、磁器库、灯笼库和戏台等，府门外还有马圈和车房。但在王朝末年几经易主后，如今的睿亲王府已成为北京市第二十四中学的所在地，只剩下府门前那两只被埋入地下的石狮子与一株大树，无言地述说着曾经的繁华。

◆ 怡亲王搬了三次家

第一座怡亲王府坐落在王府井帅府园，即今新东安市场东侧一带。据乾隆年间的地图显示，除王府井东边临街的一些地方外，校尉胡同以西，金鱼胡同以南，帅府园胡同以北，包括原中央美术学院都属怡亲王府，可谓气势恢宏。不过，如此宏伟的王府却只有第一代怡亲王允祥居住过。在十三爷去世后，悲痛万分的雍正为了纪念这位皇弟，下旨将其王府改为贤良寺，还亲自书写御制碑文。到乾隆年间，贤良寺又稍稍东移至冰盏胡同路北。虽然面积比之前大为缩小，但由于临近皇宫，便成了外省的朝廷重臣进京朝见时的临时住处。晚清政坛上著名的曾国藩、李鸿章、左宗棠、张之洞等封疆大吏进京时都曾寄住于此。1901年11月7日，一代名臣李鸿章正是在这里怀着无尽的惆怅离开了人世。在整个民国时期，贤良寺都对普通游人开放。据1935年出版的《北平旅行指南》记载，院中古柏参天，老槐荫地，房舍宽敞，十分幽静。由于寺内建筑宽敞，当年这里不但设有民众小学校，还曾开设了国殡仪馆，是北京最大的殡仪馆之一，1950年以后才停止使用。1950年后，原先居住在贤良寺内的僧众被遣散，部分房屋被作为校尉小学的校舍，而校长正是当时贤良寺的住持。在之后几十年的岁月变迁中，贤良寺逐渐淹没在居民的大杂院中。到20世纪末期的旧城改造运动，贤良寺的大部分建筑被拆除，现只剩下寺东边的一进小院，深藏在校尉小学的高楼东边。

既然十三爷的怡亲王府被改建成了贤良寺，于是便出现了第二座怡亲王府。此府位于朝阳门内北小街，不仅占地广阔，且规模宏伟，堪称清代王府的典型建筑，其主体规模和构架至今仍保存得比较完好，也是北京现存较完整的少数王府之一。不过自从载垣获罪之后，怡亲王家的铁帽子和王府都被没收。1864年，该王府又被赐给道光帝第九子、孚郡王奕譓，后者于1871年晋爵为孚亲王，因其排行第九，故孚王府又俗称“九爷府”。民国时期，孚王府先是被售与奉系军阀张作霖的部下杨宇霆，后又曾相继用作北平大学女子文理学院校舍、国民党励志

怡亲王府厅堂

厅堂的背面

社北平总部等。今为近十家中央单位所占用。

1864年，朝廷开恩恢复怡亲王家的铁帽子爵位，以宁良郡王弘晈（胤祥次子）的四世孙、镇国公载敦袭怡亲王爵，其当时居住的宁郡王府便摇身一变成为第三座怡亲王府。宁郡王府位于东单北极阁三条，其规模自然无法与前两座怡亲王府相比，况且末代怡亲王一生穷困潦倒，家业败落，如今这里早已物是人非，成为某艺术院团的所在地了。

◆ 醇亲王府二度成为“潜龙邸”

由于一家子出了俩皇帝，两处府邸接连成了潜龙邸，按照清代规制，潜龙邸不再允许他人居住，只能作为皇帝行宫等他用。所以醇亲王一门在清代一共有三座府邸。

第一座府邸位于太平湖，又称“老府”“南府”，原为乾隆第五子永琪的荣亲王府。载湉即位后，奕譞迁至北府居住，又称“七爷府”。民国时，王府曾被改建为民国学院。20世纪50年代由机关所用，现部分在中央音乐学院内，部分为两城区少年宫。

第二座醇王府在北京城内西城区后海北沿44号，该府在康熙年间是清初大学士纳兰明珠的宅第。乾隆五十四年（1789年），高宗第十一子永瑆受封成亲王，并赐明珠府。后其曾孙载锐继袭成郡王，载锐长子溥庄继袭贝勒，后晋郡王。嗣子毓橚于同治十一年（1872年）继袭贝子。光绪十四年（1888年），毓橚迁居西直门内后半壁街，这里设为醇亲王府，又称“摄政王府”“北府”。此府分为东、中、西三路，现东路、中路为国家宗教事务管理局，西路为宋庆龄故居。

1908年，载沣之子溥仪（1906—1967）入继大统，“北府”成为宣统帝潜龙邸。随后，载沣按规制在中南海集灵囿地区建监国摄政王府。袁世凯时期，为中华民国国务院，后为总统府，今为国务院办公用地。

◆ 京、津两座庆王府

永璘对和珅的豪宅垂涎三尺，好不容易到手了，可儿孙不争气，到了奕劻时已经降至辅国将军，不得不于咸丰元年（1851年）迁至现定阜街3号原大学士琦善的老宅子。光绪十年（1884年）奕劻晋封庆郡王后，遂按王府规制改建此宅，始称庆王府。该府占地2.5万平方米，南起定阜街，北至延年胡同，东起松树街，西至德胜门内大街，分东、中、西三路，气势宏伟，富丽堂皇。奕劻去世后，其子载振、载搏、载抡将此府分隔为三个院落，各自另过。1923年，载搏住的中间部分被大火烧光。后来，三兄弟相继迁到天津居住，留下部分奴仆看守旧王府房屋。1928年，庆王府被方振武的军队占据作司令部。日伪时期，这所府第以伪联币45万元卖给了华北行政委员会。中华人民共和国成立后，由人民政府接管，现为北京卫戍区占用。老庆王府以西有一所朝南的三合院，原为庆王府的马圈，中华人民共和国成立后拨给京剧大师梅兰

醇亲王府，一北一南，两代潜龙邸。北京唯一贡献两位皇帝的王府——醇王府。南府位于太平桥，光绪帝在此出生，现为西城区少年宫；北府位于后海北沿，宣统帝在此出生，现为国家宗教事务管理局所在地。图为醇亲王府花园的廊子。

醇亲王府花园一景

溥仪在醇亲王府花园留影

醇亲王府花园鱼乐亭

芳一家居住，现为梅兰芳纪念馆。

天津的庆王府原为太监小德张的旧居。这是一所中西合璧的三层楼房，占地七亩多，后又加盖一层，作为“影堂”（祖先堂），包括外围平房共有120多间。中间为大厅，四周一圈是正式住房，房外有围廊。室内布置富丽堂皇，一楼天井式方形大厅约有400平方米，当中悬挂三块御笔匾额——“宝胄蕃厘”“徽猷诩赞”“天锡纯嘏”。正中挂着一对西洋古典玻璃大吊灯。厅内摆有两个紫檀雕刻大长条案，四面摆置镶嵌螺钿的八仙桌椅和日本七宝烧大瓶等。正中为紫檀雕刻大围屏一座，两旁分摆大红雕漆刻人物圆插屏一对，前面设有一座硬木雕花螺钿宝座，旁有一对宫灯，好似旧王府的银安殿。前面的客厅，过堂除摆设瓷器古董外，壁上挂有康熙和乾隆御笔的大条诗幅，还有盖有慈禧玉玺的“嘉祉”“福寿”大字书幅的镜框等。府内大厅中还有一座可拆卸的小戏台，宽三米，进深二米，适宜演曲艺节目。楼东为一大花园。从这些描述不难看出他们生活的极度奢华。载振死后，天津的“庆王府”传给了他的三个儿子溥钟、溥锐、溥铨，当地居民称为“钟锐铨公馆”。这座昔日的王府如今是天津市人民政府外事办公室的所在地。

◆ 豫亲王府成了协和医院

建于顺治朝的豫王府位于东单三条胡同（今东城区帅府园1号），正门面阔五间，大殿五间，东西配楼五间，后殿三间，后寝七间，另有东、西两个小跨院，整体来说面积较小。传说在乾隆年间，第四代豫王棋艺颇高，经常进宫陪乾隆下棋。有一次君臣二人比试，战成了5∶5的平局。乾隆说：“朕也不赏你，也不抠你门钉。这样吧，朕准你府墙加高三尺！”府墙高低也是级别的标志，准加高府墙也就意味着赏给荣耀。等到府墙加高后，兴冲冲的豫王才恍然大悟——加高的府墙如大狱的院墙一般，原来皇帝是要终身囚禁豫王。而“礼王府的房，豫王府的墙”也就由此而来。豫王府门前还有一对不同于其他王府的狮子，别家的石狮都是蹲姿，只有他们家的是抬头匍匐的“卧狮”。据说是顺治皇帝为嘉奖多铎特下旨赐豫王府门前的狮子为“卧狮”，意即多铎为朝廷征战劳苦，天下已定，应安享清福了。1915年，美国石油大王洛克菲勒所创立的洛氏慈善基金会以12.5万美元从当时豫亲王家主事的佟佳氏手中买下了这座富丽堂皇的王府，将之改建为中西合璧的包括协和医学院及附属医院在内的宫殿式楼群。经过五年的施工，协和医学院及其附属医院正式落成，昔日的豫王府只保留了大门前的一对石狮。在施工过程中，传闻曾在拆除豫亲王府时挖出大量历代豫亲王藏于地下的金银财宝，其价值远远超过了洛氏基金会的投资，一时成为轰动社会的奇闻。而协和医院正是用这些财宝购置了最先进的医疗设备，成为当时中国最好的大型综合医院。

建成之初的协和医院

建成之初的协和医院，铁栅栏内为原豫亲王府正门。

◆ 郑亲王府演绎午夜幽灵

据记载，郑亲王府在如今地图上的准确位置为西城区大木仓胡同，即西单商场西侧，东邻大木仓北一巷，毗邻辟才胡同和二龙路西街。二龙路旧称“二龙坑”，因靠近元代郭守敬开掘的引水工程金水河，曾有积水形成的两个大水坑而得名。郑亲王府曾为清代“四大王府”之一，十分壮观宏伟。王府除了有大清建制规定的宫殿等建筑外，还有一个很大的花园称为“惠园”。据说当年郑亲王家还可以从附近的二龙坑引水入园，行船游乐宴饮，因此“惠园”又有“京城第一花园”之称。自从端华、肃顺哥俩成为“辛酉政变”的失败者之后，王府也开始衰败。到1900年八国联军入侵北京时，郑亲王府的精美建筑与园林也大多被烧毁。昔日风景如画的“惠园”也迅速荒废，园中杂草丛生，河湖干涸，在草丛中时有狐狸、刺猬、草蛇和黄鼠狼出没，阴森破败。

1948年，一部名为《十三号凶宅》的电影在北平、天津等大城市的院线隆重上映，引起了巨大轰动。因质疑影片影射的是郑亲王府，末代郑亲王昭煦以“金绍勋”这个名字作为原告，一纸诉状将中电三厂厂长徐昂千、徐昌霖、王元龙、谢添诸人告上了法庭。正当官司打得如火如荼之际，自称郑王五位后裔的联惠、景煦、晏煦、融煦、宜源等人在《华北日报》上刊登启事，公开否认《十三号凶宅》影片系影射其先人郑亲王，并对昭煦的种种行径加以指责。案子最终庭外和解，但却给影片带来了意想不到的广告效应，相当长一段时间内场场爆满，票房不俗。

1949年以后，郑亲王府的主体成为教育部所在地。随着许多新建筑的崛起，原有的一些建筑则渐次消失，而著名的“惠园”也彻底无影无踪了，其西部则变成了一所中学。

◆ 被洋鬼子包围的肃王府

第一代肃亲王豪格虽然命运坎坷，但他的王府却建得宏阔富丽。肃王府位于现在的正义路东侧（即今北京市政府所在地），这里紧挨着皇城，御河由此蜿蜒南行，紧邻后来使馆密集的东交民巷，可谓是景色怡人的风水宝地。

1860年英法联军攻入北京后，法国代表“慧眼有加”，企图以肃亲王府作为驻华使馆。当然，负责谈判的恭亲王奕䜣不可能答应，勉强将纯公府交给了法国人。然而到了庚子年间，肃王府还是没有逃脱这一悲惨的命运。八国联军侵华期间，肃亲王善耆追随慈禧西逃，其家人也暂离肃王府另择他居。东交民巷的外国使馆人员和教徒便乘机占据了邻近的肃王府，并在王府内修工事，挖地道，与围攻的义和团展开了一场拉锯战。而肃王府自然不可避免地遭受了一场劫掠，古董、艺术品、贵重的瓷器以及藏书等遗失殆尽。当战火平息之后，原本宏伟壮丽的肃亲王府几乎成为一片废墟，仅王府花园局部尚存。邻近的日本使馆趁火打劫，抢占了肃王府及

郑王府中路第一院落石狮及倒座房。图中可见两尊巨大的石狮屹立在砖砌的长方形月台上，石狮的背后（北面）为头宫门。

郑王府神殿。神殿为七开间，中间为带帘架的六扇格门，门两侧各三间均为落地长窗，槛墙较低矮。

郑王府藏书楼

郑王府静真亭。此亭为整个建筑的前卷抱厦，立于池塘岸边，其侧面还有一座座亭台楼阁。

郑王府内景

由孙中山先生创办的中国大学，1925 年迁至郑王府。

郑王府天春堂。《道咸以来朝野杂记》称："京师园林，以各府为胜，如太平湖之旧醇王府、三转桥之恭王府、甘水桥北岸之新醇王府，尤以二龙坑之郑王府为最有名。其园甚钜丽，奥如旷如，各极其妙。"

郑王府跨虹亭。这座横跨于池塘上的亭子形状比较特别，类似于风雨桥。

周边的詹事府等地，新建日本公使馆。

返京后的肃亲王善耆无家可归，一家子甚至不得不在偏远山区门头沟暂住。朝廷遂将北新桥船板胡同（今东四十三条）荣禄的一处宅子改建为肃王府，当然已全没有王府的形制了。新肃王府只是由几个大的四合院组成，内有寝室、书房和花园。在花园的最北侧还建有一座二层小楼。抗战期间，这座肃王府又被日本人占用，直到 1945 年才由后人收回，中华人民共和国成立后被政府没收，如今已成为居民区。民国时，善耆逃离北京前往旅顺，试图利用日本人实现自己的复辟梦。日本方面为表示亲善，将旅顺一座俄国人的别墅（今旅顺新市区新华大街 9 号）作为东交民巷肃亲王府的赔偿赠送给了他，此外还指定旅顺官地九千亩为肃亲王世产。岁月沧桑，无论是北京还是旅顺的肃王府如今都已面目全非，丝毫找不到铁帽子王家的影子了。

◆ 庄亲王府毁于军阀之手

鼎盛时期的庄亲王府南起太平仓胡同，北至群力胡同，东起西黄城根北街，西至西四北大街、新街口南大街。范围广，占地面积大。

和其他王府情况类似，清室覆亡后，为了维持生计，庄亲王载功一咬牙以 20 万银圆的价格把府邸卖给军阀李纯兄弟。李纯原是袁世凯麾下北洋陆军第六镇第十一协协统，辛亥革命后被委任为江西都督兼民政长，袁世凯称帝失败后又被任命为江苏都督。此人颇善敛财，热心教育，曾为南开学校捐资 50 万元。李纯买下庄亲王府，本打算在里面好好住上一阵，但美国人在豫王府挖出了大量金银财宝的消息令他心动不已。于是，寻宝心切的李纯下令将王府中保存下来的建筑全部拆除，建筑的各个部件都被编上号，然后原样移建到天津南开区（今南开人民文化宫所在地）。可惜，掘地三尺之后也没有见到他心心念念的宝藏。为了挽回损失，李纯又在原址上另建了平安里、志兴里等处房产 700 余间用于出租。1920 年，年仅四十六岁的李纯在天津家中暴死。天津的王府移建工程于 1923 年完工，当时李家对外声称修建的只是家族祠堂。李纯祠堂原本应该是四进院落，现在包括花园和三进四合宫殿式建筑及东西两侧游廊，总占地面积 1.8 万平方米，建筑面积 2800 平方米。主体建筑为砖木结构，青砖绿瓦，朱漆门窗，装饰多镏金彩绘，殿堂为歇山顶，墙体磨砖对缝。影壁、石狮、石坊、华表、御河、拱桥、戏楼、月台建制整齐，具有典型的中国传统宫廷建筑风格，在天津素有“天津小故宫”“津门庄王府”之美誉，是目前天津市区内规模最大、建制最完整的古建筑群，于 1982 年被评为市级文物保护单位。

而北京的庄王府经过多番折腾，基本荡然无存。其位于后毛家湾的王府小院以五万元价格卖给了中孚银行，后者又转手卖给了辅仁女校。而王府遗址所在的后毛家湾 1 号院，还曾是林彪 1951 年至 1971 年间的住所。至于王府其他的地方，现如今已是楼房林立了。

肃王府中路大门。1900 年庚子事变期间，日军驻守在肃王府，后王府成为日本使馆的一部分。

肃王府阿斯门。门两侧放置有斜行木。

肃王府所在的东交民巷，清末外国使馆集中地。

肃王府所在的东交民巷，清末外国使馆集中地。照片中的河为“御河”，其位置即今正文路。

肃王府被毁前的一座门。此座院墙门三个门洞，可以看出，被毁之前其装修还是相当精美的。

1900 年庚子事变时，肃王府遭到严重破坏，但还是可从图中看出王府原有的厅堂颇具规模。

1900 年庚子事变时被困在肃王府的外国人

肃王府被焚毁前的一座厅室。图中中坐者为日本驻京公使馆武官柴五郎中佐，摄于 1901 年。

◆ 和珅影子下的恭王府

恭王府位于什刹海西侧，曾是乾隆皇帝宠臣、大贪官和珅的私家豪宅。此地最初乃明弘治年间不可一世的大太监李广的府邸，因而此地旧时有李广桥的名称（即今柳荫街）。《明史》记载，李广在此“起大第，引玉泉山水，前后绕之”。后李广获罪，府邸被充公。至清代，此地已是民宅。

和珅深受乾隆帝宠爱，乾隆甚至将自己最喜爱的十女固伦和孝公主指婚给和珅长子丰绅殷德，与和珅成了儿女亲家。据说，和孝公主性情、外貌全都酷肖其父，性格也颇似男子，且天生神力，能开十个劲的硬弓，时常陪着父皇骑马打猎。乾隆六十五岁上喜得此女，欢喜异常，曾不止一次对她说如果她是个男孩子，一定将皇位传给她。和孝公主的生母为乾隆皇帝晚年的宠妃汪氏，却被乾隆封为只有皇后所生之女才能晋封的固伦公主，可见对她的喜爱程度。

1776 年，和珅以迎娶公主为名在什刹海西岸选中了这块风水宝地，为自己兴建豪宅。为了享尽人间荣华富贵，和珅建宅时可以说是不遗物力、人力、心力，尤其是其所居住的西路住宅更是极尽奢华之能事，甚至不惜身犯僭越大罪，仿造紫禁城宁寿宫兴建了由金丝楠木制成的二层仙楼，成为后来嘉庆帝赐死和珅的二十条罪状之一。府邸与花园分隔处横有一座两层的后罩楼，东西长达 156 米，后墙共开有 44 扇什锦窗，内有 108 间房，俗称“99 间半”，取道教“届满即盈”之意。据说这里就是当年和珅用来藏宝的所在，那 44 扇什锦窗形态各异，是和珅特意用来识别所藏的不同宝物的。

和珅伏诛后，此宅被嘉庆赐予觊觎已久的同母弟庆郡王永璘。但当时永璘只是占用了此府西路及中路，东路仍由固伦和孝公主夫妇居住。直到公主于 1823 年 9 月去世后，此宅才尽归庆王府所有，不过此时永璘已去世三年多了。到了咸丰初年，永璘的后人奕劻的爵位已世袭递降至辅国将军，不再适合住在亲王级别的庆王府，咸丰帝便将此宅赐给了恭亲王奕䜣，始称恭王府。

在奕䜣迁入此府前，内务府按照亲王规制进行了大规模修缮，形成了今日前王府、后花园的布局。“月牙河绕宅如龙蟠，西山远望如虎踞”，这是史书上对恭王府的描述。北京据说有两条龙脉，一是土龙，即故宫的龙脉；二是水龙，指后海和北海一线，而恭王府正好在后海和北海之间的连接线即龙脉上，风水自然绝佳。

1921 年，小恭王溥伟为筹集复辟经费，将恭王府府邸部分的“龙票”，以 8 万银圆的价格抵押给了北京天主教会的西什库教堂。十几年后，利上加利，8 万银圆的抵押款已滚到了近 20 万。而此时的溥伟已是穷途末路，根本无力偿还这笔巨额债务。1932 年，由罗马教会兴办的辅仁大学，以教会之间的关系，用 108 根金条代偿了这笔贷款，取得了恭王府的产权。1937 年，辅仁大学将府邸部分作为女院，并把后罩楼通向萃锦园的通道砌死，府邸与花园开始分开。同年，原先居住在花园中的溥伟二弟溥儒，又以10万银圆的价格将花园也卖给了辅仁大学。

乾隆朝权臣和珅，恭王府的前主人。

中华人民共和国成立以后，恭王府曾被公安部宿舍、风机厂、音乐学院等多家单位使用过。府邸和花园的部分建筑都遭到了不同程度的损毁，但所幸王府总体格局基本保存了下来。1962年，周恩来总理在当时的北京市副市长、著名红学家王昆仑等人的陪同下到恭王府视察。参观过府邸与花园之后，周总理指示说："……要将恭王府保护好，将来有条件时向社会开放。"1975年周总理病重之时，在病床上嘱托时任国务院副总理的谷牧务必办好三件事，其中之一就是向社会开放恭王府！从1978年开始，恭王府的腾退保护工作拉开了帷幕。1988年，整饬完毕的花园部分率先对游客开放。2006年，这项在三代国家领导人、众多专家学者、新闻媒体以及各界有识之士高度关注下的腾退工作，历经二十八载的漫漫艰辛，终于得以完成。2008年北京奥运前，历时三年的府邸修缮工程顺利完工，并在8月20日正式开放。

如今的恭王府已经成为北京著名的旅游景点，2012年年初又荣获国家5A级旅游景区的称号，年游客接待量达300万人次。但恭王府似乎永远生活在和宅的影子之下。恭王府旅游的火爆起源于《宰相刘罗锅》《铁齿铜牙纪晓岚》等电视剧，于是乎人们纷纷奔着大贪官和珅而来，来看看和大人的豪宅，和大人的藏宝楼，和大人超标准装修的"复式"起居室……而真正奔着恭亲王而来的可以说是寥寥无几，这真是恭亲王的无奈啊。

1890 年时的恭王府

恭王府西路锡晋斋垂花门及其两侧廊墙上的漏明墙窗。此座门上悬挂一方匾，上有“天香庭院”四字。

恭王府锡晋斋院内。图中为锡晋斋正殿，殿前有月台。建筑布局高大、宽敞；正殿与厢房之间有游廊相连，可从廊下自由穿行于正殿和厢房之间。最远处带有吻兽的人字形大殿，为中路神殿嘉乐堂正殿屋顶，矗立在屋脊上的玻璃吻兽威严气派，显示出王府建筑的等级与规制。

恭王府锡晋斋仙楼

恭王府后罩楼。后罩楼位于府邸三路院落的后面，是一幢长 150 余米，贯连 50 余间房屋的两层楼。清代王府中，间数如此之多，规模如此之大的后罩楼是绝无仅有的。

后罩楼匾额。后罩楼楼上东西两侧分别悬挂“瞻霁楼”“宝约楼”匾额。

恭王府花园西洋门。花园正门为西洋建筑风格的汉白玉拱形石门，俗称“西洋门”。

恭王府花园方塘及观鱼台

恭王府花园棣华轩及长廊，位于方塘东侧。

恭王府大戏楼内戏台

右页图为恭王府花园妙香亭。亭子古朴幽雅、结构新奇，为上下两层海棠式木结构方亭。上层为四角平顶式，由八根柱子支撑顶部，海棠花瓣形状围板边框，冰裂纹倒挂楣子。下层为八角式，由十二根柱子支撑，顶部与上层围成同样形状，窗户为海棠蕊窗花。

其他王府

◆ 涛贝勒府

涛贝勒府位于北京西城区柳荫街 27 号，原是康熙第十五子愉郡王胤禑居住的愉王府。光绪二十八年（1902 年），醇亲王奕譞的第七子载涛过继给钟郡王奕詥为嗣，承袭贝勒爵，迁居于此府，称涛贝勒府。

该王府坐北朝南，有门东向，分中路和东路及西路，中路有四进院落，东路亦有四进院，后三进院为三合院。西路只有前后三排房子，西为戏楼，南为花园，有长廊、亭、花厅、假山等。

1925 年，罗马教廷天主教会租用涛贝勒府作为创办公教大学的校舍，1927 年更名辅仁大学。1926 年，辅仁大学停办预科，改办三三制附属中学，其高中部定名为私立北平辅仁大学，随大学部设在涛贝勒府。1929 年，受聘辅仁大学的比利时籍传教士、建筑师格里森在涛贝勒府南部的马圈和花园前空地上，精心设计了一座以两层楼围合封闭的院落作为主楼，宛若一座中国宫殿的城堡，与原贝勒府建筑相得益彰。主楼建成后，涛贝勒府府邸改作原辅仁大学附中男生部校舍。中华人民共和国成立后，辅仁大学并入北京师范大学，辅仁男中改为北京市第十三中学。

涛贝勒府府邸正门，摄于 1925 年。

涛贝勒府花园中藏书楼，俗称“楼房子”，位于花园最西面，东面有长廊与“花厅”相连，四面有檐廊。门前院落中，有花草、山石盆景等。院落东、西、南三面环绕回廊，南面的回廊中间有冰盘檐凉亭，凉亭南有水池，甚是精美壮观。

藏书楼东侧，图中可见东、南、西三面环绕的回廊。

涛贝勒府宜安宫，是原涛贝勒府中路第二院落中的主殿，辅仁大学时期改为客厅，现在称其为“花厅”。

涛贝勒府中的一个厅堂及厅堂侧面的抄手回廊，回廊一面是坐凳栏杆，一面槛墙上有冰裂花纹窗饰。

涛贝勒府中的一个厅堂，其窗格图案具有鲜明的风格，曾被用作辅仁大学国文系的接待室。

涛贝勒府花园中的回廊，从照片中可见回廊结构和装饰都很精细。

鲒绮亭及假山石。鲒绮亭为一座八柱圆亭，与爬山游廊相接。山下辟有一个圆形的小水池，池中设有湖石一座，石上立着一尊丘比特铜像，作为喷泉，颇具趣味。现湖石和铜像均已不存。

花厅及回廊。“花厅”在府邸西南，鲒绮亭西侧，有回廊与鲒绮亭相连。

辅仁大学大门。辅仁大学的主楼建在涛贝勒府南面花园中，图中可见原花园假山。

辅仁大学主楼

如今，涛贝勒府的主体建筑尚存。正门面阔五间，正殿、东西配楼、后寝、后罩正房均面阔五间，东西路的附属院落除戏楼外大体保存下来，南部的花园尚在，基本保持了当时的原貌。现为北京市级文物保护单位。

◆ 安郡王府

安郡王府位于东城区台基厂南侧东交民巷15号院，岳乐为饶余郡王阿巴泰第四子，袭郡王爵并改号“安”后，其府改称安郡王府。安郡王府正门面阔五间，大殿面阔七间，后殿面阔五间，有丹墀，后寝室面阔七间。雍正元年（1723年），安亲王岳乐因“陷附辅政大臣”获罪，“安郡王爵不准承袭”，安亲王府被改建为昭忠祠。后来这里成了满族贵族景崇的府邸，景崇因获罪迁出，其子纯堪承袭爵位，因此又称纯公府。1860年英法联军侵华之后，清朝被迫允许列强在东交民巷修建使馆，纯公府便成为法国使馆。

纯公府大门

1861 年时的纯公府二门画像。图中可见二门为三开间，有门枕石、连三踏跺（台阶），外檐彩画十分华丽。

1901 年，在纯公府基础上修建的法国公使馆大门。虽然保留了门前的两只石狮子，但大门完全变成了一个堡垒般的西式建筑。

◆ 淳亲王府

淳亲王府位于东城区东交民巷正义路西侧5号院，为康熙帝七子淳亲王允祐的府邸。允祐于雍正元年（1723年）被晋封为淳亲王，此府是受封郡王后建成的。其裔孙奕梁降袭，后俗称“梁公府”。咸丰十年（1860年），这里成为英国使馆，末代王溥堃迁府至北新桥三条路北。现为北京市文物保护单位。

淳亲王府的主要建筑至今保存较好。原府邸街门面临御河，其建筑布局分为三路，中路是宫殿式绿琉璃瓦顶建筑，前为宫门五间，大殿五间，后为院落和配房。最后是英使馆占用时期所建的英式楼房。东路原有建筑已不存，有后建仿中国式古建筑楼房一座。西路原属花园，只存改建的四合院一所和添建的英式楼房。

淳亲王府正门

上图 淳亲王府二门，位于主殿与后寝之间。

左图 淳亲王府正门局部